美·好·中华

近二十年考古成果展

首都博物馆 编

SPLENDOR AND BEAUTY

The Archaeological
Finds in Recent 20 Years in China

文物出版社

首都博物馆　书库
丁种　第肆拾壹部
《美·好·中华——近二十年考古成果展》

图书在版编目（CIP）数据

美·好·中华：近二十年考古成果展 / 首都博物馆
编. -- 北京：文物出版社，2017.8
ISBN 978-7-5010-5137-3

Ⅰ. ①美… Ⅱ. ①首… Ⅲ. ①文物－考古发现－中国　－图录 Ⅳ. ① K870.2
中国版本图书馆 CIP 数据核字 (2017) 第 155525 号

美·好·中华
——近二十年考古成果展

编　　著：首都博物馆

撰　　文：冯　好　俞嘉馨　张　杰　龙霄飞　黄春和
　　　　　裴亚静　张全礼　刘　丞
英文翻译：杨丽明　邵欣欣　张继华　赵雅卓
责任编辑：智　朴
特约编辑：李吉光
责任印制：梁秋卉

出版发行：文物出版社
社　　址：北京市东直门内北小街 2 号楼
邮　　编：100007
网　　址：www.wenwu.com
邮　　箱：web@wenwu.com
经　　销：新华书店
印　　刷：北京雅昌艺术印刷有限公司
开　　本：635mm × 965mm　1/16
印　　张：21.5
版　　次：2017 年 8 月第 1 版
印　　次：2017 年 8 月第 1 次印刷
书　　号：ISBN 978-7-5010-5137-3
定　　价：360.00 元

主办单位

国家文物局　北京市人民政府

协办单位

北京市文物局

承办单位

中国文物交流中心　首都博物馆

支持单位

山西省文物局　河北省文物局　辽宁省文物局　内蒙古自治区文化厅（文物局）　江苏省文物局　浙江省文物局　安徽省文物局　江西省文化厅　山东省文物局　河南省文物局　湖北省文物局　湖南省文物局　广东省文物局　四川省文物局　贵州省文物局　云南省文物局　陕西省文物局　甘肃省文物局　新疆维吾尔自治区文物局

参展单位

中国社会科学院考古研究所　首都博物馆　河北省文物研究所　山西省考古研究所　山西博物院　内蒙古自治区文物考古研究所　辽宁省文物考古研究所　南京博物院　南京市博物总馆　扬州市文物考古研究所　浙江省文物考古研究所　浙江省博物馆　桐乡市博物馆　安吉县博物馆　良渚博物院　安徽省文物考古研究所　江西省文物考古研究院　景德镇市陶瓷考古研究所　山东省文物考古研究所　临沂市博物馆　济南市长清区博物馆　沂源县文物管理所　青州博物馆　新泰市博物馆　河南省文物考古研究院　河南博物院　郑州市文物考古研究院　洛阳市文物考古研究院　新安县博物馆　偃师商城博物馆　湖北省文物考古研究所　湖北省博物馆　荆州博物馆　随州市博物馆　蕲春县博物馆　湖南省文物考古研究所　广东省文物考古研究所　广东省博物馆　成都博物馆　金沙遗址博物馆　贵州省文物考古研究所　遵义博物馆　云南省博物馆　云南李家山青铜器博物馆　陕西省考古研究院　西安市文物保护考古研究院　秦始皇帝陵博物院　宝鸡青铜器博物馆　甘肃省文物考古研究所　甘肃省博物馆　新疆维吾尔自治区文物考古研究所　新疆维吾尔自治区博物馆

展览项目组

展 览 策 划：关 强 舒小峰

展 览 主 持：王 军 白 杰

展 览 统 筹：韩战明 杨文英 赵古山

展览责任人：龙霄飞 杨 烨

展览内容设计：冯 好 俞嘉馨 戴鹏伦

展览形式设计：李丹丹 李 赫

文 物 筹 备：赵古山 钱 卫 靳 非 龙霄飞 戴鹏伦 钟 梅 李 健
李天凯 刘 杰 盛 夏 刘家朋 任 杰 徐 赫 张 钊
张易婷 王卓然 王海燕 彭湘炜 李光远 朴 识 罗 征

文 物 说 明：冯 好 俞嘉馨 张 杰 龙霄飞 黄春和 裴亚静 张全礼 刘 丞

布 展：索经令 李 健 胡 昱 戴鹏伦 李天凯 盛 夏 刘 杰 王卓然
于力凡 闫 娟 李光远 陈 思 钱 成 徐 亮 王 磊 徐 涛 王 俊

摄 影：梁 刚 谷中秀 张京虎 罗 征 朴 识

宣 传 推 广：杨玉莲 杨丹丹 曹秋月 罗 丹 袁 玥

图 片 提 供：首都博物馆 南京博物院 南京市博物总馆 扬州市文物考古研究所 浙江省文物考古研究所
临沂市博物馆 青州博物馆 河南省文物考古研究院 郑州市文物考古研究院 湖北省文物考古研究所
湖北省博物馆 荆州博物馆 随州市博物馆 陕西历史博物馆

致　辞

2017年5月18日，为做好国际博物馆日的宣传活动，展示近二十年我国的考古成果，弘扬中华优秀传统文化，国家文物局、北京市人民政府主办，北京市文物局协办，中国文物交流中心、首都博物馆承办的“美・好・中华——近二十年考古成果展”在首都博物馆正式开幕，这既是广大文物考古工作者向社会的一次集中汇报，也是为广大市民精心准备的一道文化大餐。

中国传统美学蕴含着中国古代哲学思想的精华，回望中华民族美学长廊，美的足迹总是与历史印记亦步亦趋，美的历程也是历史轨迹的折射。五千多年的历史长河中，不同民族的文化互相影响，相互交融，形成了兼容并蓄、博大精深的中华文明。不同历史时期所遗留下的精美文物，则代表着这个时期对“美”的认知。随着考古学的发展，更多文物的出现，人们对于文明的认识也在不断加深，可以说考古是一个证经补史的过程，也是不断发现“美”“好”的过程。

“美・好・中华——近二十年考古成果展”，汇集了20个省（区、市）的考古所、博物馆及中国社会科学院考古研究所共52家单位近400件文物珍品，以时代为轴、以美学和哲学为线，从古人对美的认识、对美的发现、对美的创造出发，诠释物化在文物上的中华传统美学思想，揭示美学现象背后蕴含的中华文明发展规律。

希望观众在展览的参观体验中，加深对文物考古领域的认知，体味考古之美、文物之美、中华之美，进而深化对中华文明的理解与认同，推动优秀传统文化的传承与创新，促进传统文化与当代文化相融相通、共同服务以文化人的时代任务。

祝“美・好・中华——近二十年考古成果展”取得圆满成功。

国家文物局局长　刘玉珠

致 辞

1990年至1995年，国家文物局曾于故宫博物院、中国历史博物馆（现中国国家博物馆）等地四次举办“中国文物精华展”，公开展出了当时全国范围的重要考古文物，在社会引起了良好反响。1996年至今，随着行业理念的进步、学术水平的提高及科学技术的发展，考古行业取得了巨大的发展进步。这二十年间，从雷峰塔地宫、到海昏侯遗址，从新疆精绝古城的尼雅遗址、南海一号沉船，到扬州隋炀帝墓，众多重要遗址被发现、研究，其中许多精美文物从未与观众见面。

缘于上述众多契机，受国家文物局和北京市人民政府委托，由北京市文物局协办，中国文物交流中心与首都博物馆承办了“美·好·中华——近二十年考古成果展”。展览汇集了20个省（区、市）的52家文博单位的近400件藏品，展示近二十年来全国考古发掘的重要成果，通过这些珍贵的展品，向观众传达中国古代审美、工艺、历史等文明脉络。

社会上有很多朋友对于考古学也许有些疑问，考古的意义是什么。是探寻价值连城的金银宝藏？还是挖掘供今人鉴赏的杯盏文玩？抑或是填充博物馆的藏品作为历史课本的实物补遗？其实考古的意义并不在文物本身，而在于古物背后的文化意义甚至于人类文明的解读和传续。希望展览带给观众视觉享受和知识收获的同时，可以引起社会对于考古和中国文化的些许思考与共鸣。

中国文物交流中心主任　王军

致　辞

2014 年 2 月 26 日，中共中央总书记、国家主席、中央军委主席习近平在北京市视察工作时指出："北京是世界著名古都，丰富的历史文化遗产是一张金名片，传承保护好这份宝贵的历史文化遗产，是首都的职责。"如何更好保护利用好首都的"金名片"？通过几年的摸索，结合多年来文物工作经验，北京市文物局倡导整合各方面优势，不单打独斗，尤其是展览工作，以合作办展的方式，调动各方面的积极性，"我搭台你唱戏"。

2016 年春季，"五色炫曜——南昌汉代海昏侯国考古成果展"、"王后·母亲·女将——纪念殷墟妇好墓考古发掘四十周年特展"双双走入首都博物馆，吸引了无数观众的眼光，也成了 2016 年文博领域一大热点事件。考古发掘将久远的过去鲜活地呈现于眼前，因而考古学在诞生后的 200 年里颠覆性地刷新着人们对历史和世界的认识。如果说海昏侯和妇好两展是集一时一墓之精绝，那么本次"美·好·中华——近二十年考古成果展"，则集纳了来自全国 20 个省市自治区、52 家文博机构的近 400 组件出土文物，尝试以"美的发展"为视角，以中国历史发展为序列，以出土文物为物证，揭示中国传统审美观念的兼容并蓄，多元共存，各美其美，美美与共，诠释美学现象背后蕴含的文化认同、国家认同、民族认同。

作为文化中心，通过每一次展览，摸索如何盘活文物资源，更好地丰富市民的精神文化生活，在这条路上，北京市做了不少探索。我们利用地利，联合同行，调动各方积极性，实现共赢。此次"美·好·中华——近二十年考古成果展"选取平易近人的展览视角，着眼于近二十年的考古成果，希望通过首都博物馆的平台，百家争鸣，百花齐放。以展览的方式反映中华文明历经五千多年的发展，创造的光辉灿烂的历史文化，丰富多彩的文化遗产，践行"讲好中国故事"也是我局所倡导的借助各文博兄弟单位的精彩文物，北京的地理优势，我们搭台，大家唱戏的又一次实践。

博物馆作为文化建设与文明宣传的窗口，肩负着"让文物活起来"的历史责任。展览策划工作不断推陈出新，在展览主题的研讨方面更深入挖掘，是北京市文物局对首都博物馆展览工作的要求。希望本次展览能够为广大市民交上一份满意的答卷，为首都文化事业增添光彩。

北京市文物局局长　舒小峰

内容策划

考古展对于社会公众有着异乎寻常的吸引力，这缘于考古学与人的天性有着共鸣。一方面考古学能够形象地揭示古代状况，告诉人们“我从哪里来”；另一方面考古学研究古人的生活，令观众感到“与我有关”。

博物馆也研究人——观众。首都博物馆新馆自开馆以来，已举办了二百余项展览，大量的展览实践使我们对观众的研究得以不断深入。近年的观众问卷调查表明，超过四成观众对传统的中国文物展览已产生了审美疲劳，这促使我们对展览的解读方式求新求变。

这次我们仍然从人的天性入手。观众对于文物会本能地产生审美反应，那展览就以中国传统审美观作为切入点，帮助观众提高欣赏文物的能力，进而从审美的角度了解中华文明。设定这一主题也是源自博物馆教育本就包含美育，这恰是我国学校教育的薄弱环节，需要第二课堂来弥补。

要知其然，须知其所以然。帮观众厘清中国古代数万年审美发展历程是展览的手段，最终目的是要从审美这一观众最容易认同的角度揭示中华传统文化的文明基因，增强大众的文化自信。因此，展览的叙事结构以中国传统哲学思想为主干，将审美还原到哲学中，由因（美学原因）导果（美学现象）、执果索因，在中国历史发展的大背景下向观众呈现中华文明的美学轨迹。标题“美·好·中华”即表现了从中国传统哲学对“美”的定义向中华传统文化根脉递升的逻辑思辨，开宗明义彰示展览主题与宗旨。

诚然，要用近二十年考古发掘的物化成果支撑这样的主题和叙事语言，难免会碰到“证据链”不足的问题，探索的成果总是有两面性。本展览之于我们最主要的创新在于：它为大众开启了一扇鉴赏艺术、感受文化的新窗——传统并不晦涩，古典并不遥远。

首都博物馆　冯好

目　录

历史考古学重在何为

◎ 白云翔（中国社会科学院考古研究所）

一

“历史考古学”，又称之为“历史时期考古学”，是考古学的基本分支学科之一。

夏鼐先生等指出：关于考古学的分支，“从研究的年代上划分，考古学可分为史前考古学和历史考古学两大分支。也有人主张在两者之间加入原史考古学而成为三大分支，但从实际意义来说，原史考古学的重要性不如前两者。史前考古学的研究范围是未有文字之前的人类历史，历史考古学的研究范围则限于有了文献记载以后的人类历史，两者的界线在于文字的发明”[1]。就中国考古学来说，关于历史考古学的年代上限，如果考虑到夏代是第一个有文献记载的古代王朝，而夏代建立于公元前 21 世纪[2]，那么，可以划定在夏王朝建立的公元前 21 世纪；但是，如果考虑到我国古代成熟的文字系统和文字制度目前可以上溯到殷商时期[3]，那么，则可以划定在盘庚迁殷的公元前 1300 年左右。从考古学和历史学两方面综合考虑，笔者以为我国历史考古学的年代上限划定在夏王朝建立的公元前 21 世纪为宜。当然，公元前 21 世纪 ~ 前 11 世纪的夏商时期乃至公元前 11 世纪 ~ 前 771 年的西周时期的考古学更多地具有原史考古学的性质和特点，因此，本文所论更多的是就东周以后的历史考古学而言。

关于历史考古学的任务和特点，夏鼐先生等也曾指出：史前考古学和历史考古学的基本属性、研究对象和最终目标是相同的，但“两者的研究任务也有所不同。史前考古学承担了究明史前时代人类历史的全部责任，而历史考古学则可以与历史学分工合作，相辅相成，共同究明历史时代人类社会的历史”[4]。基于上述论断并结合我国古代文献的特点、笔者

[1] 夏鼐、王仲殊：《考古学》，《中国大百科全书·考古学》，中国大百科全书出版社 1986 年版，第 16 页。

[2] 夏商周断代工程专家组：《夏商周断代工程 1996 ~ 2000 年阶段成果报告（简本）》，世界图书出版公司 2000 年版，第 74—82 页。

[3] 夏鼐：《中国文明的起源》，文物出版社 1985 年版，第 85—87 页。

[4] 夏鼐、王仲殊：《考古学》，《中国大百科全书·考古学》，中国大百科全书出版社 1986 年版，第 17 页。按：这里的“历史学”是指狭义的历史学，即“文献史学”。

对历史考古学的思考和实践，我们曾经指出："历史考古学相对于史前考古学而言，具有两个最鲜明的特征：其一，是必须与文献记载相结合；其二，是主要任务和研究的重点发生转移，即转移到物质文化的研究、精神文化的物化研究和社会生活的具象化、实证化研究"[1]。从文明史的角度讲，这里的"物质文化"即"物质文明"，"精神文化"即"精神文明"。

近二十年来，我国的考古学发生了巨大的变化，形成了新的时代特色。其变化之一是"田野考古领域进一步扩展，考古发现更为丰富多彩。田野考古在时间上的扩展，不仅表现在对'古不考三代以下'观念的彻底摒弃，而且表现在对明清时期田野考古的重视和实施，顺应了世界考古学的发展趋势"[2]。从全国田野考古的实践来看，每年的重要考古发现中，包括夏商周在内的历史时期的考古项目约占总数的三分之二左右，秦汉及其以后历史时期的考古项目也已经占据"半壁江山"。"考古学的发生和发展，始终是同考古发现相伴随的"[3]；"新材料出新学问"，随着历史时期田野考古的一系列新发现，历史考古学各方面的研究也进一步展开，并逐步深化。历史考古学在整个中国考古学乃至我国文化遗产事业中的地位和作用，正在日益凸显。这里采用"举例说明"的方式，结合近二十年来我国历史时期的田野考古发现，就历史考古学的主要任务和重点略作论述。

二

物质文明作为人类在社会历史发展过程中所创造的、体现社会生产力发展进步的物质成果，是人类赖以生存的物质条件。按照"科学技术是第一生产力"的论断，科学技术及其发展水平也属于广义上物质文明的范畴。它既是社会进步的最根本的因素，也是一个社会发展水平的"指示器"，更是人类社会得以存在和发展的物质基础。它涉及社会生产和社会生活的各个方面，大到一座城市、小到一件物品都有所反映和体现。作为根据实物资料和信息研究古代社会历史的考古学，在物质文明的研究上具有独特的优势。苏联十月革命以后，曾一度把"考古学"改称为"物质文化史"，并一度把考古研究机构改为"物质文化史研究所"，这无疑是对考古学性质和任务的曲解，但却从一个侧面反映出物质文明研究在考古学中的分量。

---

[1] 白云翔：《汉代临淄铸镜业的考古学考察》，《探古求原》，科学出版社2007年版，第236页。

[2] 白云翔、施劲松：《新世纪中国考古新发现（2001～2010）述评》，《新世纪中国考古新发现（2001～2010）》，中国社会科学出版社2013年版，第63页。

[3] 白云翔：《20世纪中国考古发现述评》，《二十世纪中国百项考古大发现》，中国社会科学出版社，2002年版，第1页。

图 1. 西安汉长安城厨城门 1 号桥（北→南）

近二十年来历史时期的田野考古，使得物质文明研究取得长足进展。其中，既包括以手工业为主要内容的社会生产研究，也包括与人们的日常生活息息相关的物质条件的研究。

桥梁，作为重要的交通设施，是古代人们跨越河流的主要途径之一，桥梁建设水平是物质文明发展的一个重要方面。2012 年以来，在西安汉长安城以北和东北的古渭河上先后探明古代桥梁遗存三组，共 7 座。其中，位于汉长安城厨城门外 1200 米处的厨城门 1 号桥（图 1），发掘清理出大量木桥桩，桥桩间距 3 ~ 7 米不等，残高 5.2 ~ 6.6 米，东西两侧桥桩之间宽 15.4 米，南北桥长约 880 米，同时还发现大量长方形、方形、五边形和梯形的石构件，其年代为汉魏时期[1]。据此复原，厨城门 1 号桥是汉魏时期渭河上一座长 800 米以上、宽 15 米左右的木梁柱结构的大型木石构桥梁，真实地再现了 2000 年前我国古代桥梁的结构、规模和建造技术水平。

瓷器是我国古代伟大的成就之一。早在公元前 16 世纪的商代前期，原始瓷器就已经出现，到东汉时期烧制成功了真正的瓷器。魏晋以后的瓷器烧造业作为当时规模最大的手工业，不仅在社会经济生活中发挥着支柱作用，而且与人们的日常生活紧密相关，还是宋

[1] 陕西省考古研究院等：《西安市汉长安城北渭桥遗址》，《考古》2014 年第 7 期。

元明时期重要的对外贸易商品，是当时物质文明发展水平的重要标志之一。瓷器烧造业的考古发掘和研究，是手工业考古中历史最久、用力最多、成果最为丰硕的一个领域，历代瓷窑址的调查和发掘几乎年年都有，重要的发现接连不断。譬如，浙江东苕溪中游商代原始瓷窑址群、福建永春苦寨坑有别于浙江原始青瓷技术体系的夏商时期的原始青瓷窑址、浙江德清火烧山西周晚期至春秋晚期的原始瓷窑址以及亭子桥战国时期的原始青瓷窑址的发掘；浙江上虞禁山东汉至西晋时期的早期越窑青瓷遗址、上虞尼姑婆山三国孙吴至西晋时期的青瓷窑址的发掘；作为晚唐和五代时期秘色瓷和宫廷用瓷主要产地的浙江慈溪上林湖后司岙秘色瓷窑址、杭州市上城区与南宋修内司官窑有关的老虎洞窑址、浙江龙泉与宋代"哥窑"有关的黑胎青瓷窑址的调查与发掘；长沙铜官窑遗址晚唐五代至明代遗迹的发掘；江西景德镇地区唐宋至明清时期多处瓷窑址的连续多年的调查和发掘；安徽繁昌五代至宋代的青白瓷窑址的发掘；河南禹州神垕镇唐代至元代钧窑址、禹州闵庄宋元明时期的钧窑址、巩义唐代烧制青花瓷、唐三彩以及白瓷的黄冶窑址和白河窑址的发掘；河北曲阳唐至元代定窑遗址的发掘；山西河津固镇宋金瓷窑址的发现和发掘等。这些瓷窑址的发掘及相关研究，都进一步深化了我国瓷器起源、制瓷技术演进及历代制瓷业生产的研究。

造纸术是我国古代的四大发明之一，魏晋以后逐渐成为一个独立的产业。2005 ~ 2008 年江西高安华林宋元明时期造纸作坊遗址的调查和发掘，先后在周岭村和西溪村清理 14 座水碓，并在周岭村和福纸庙等地清理出沤竹麻塘、抄纸坊、拌灰与发酵的工作台、石灰堆、烧碱坑、尾砂坑等遗迹，以及引水管的痕迹，结合《天工开物》等有关古代造纸的记载，基本复原了当时从伐竹到沤料、煮料、腌料、舂料、配药制浆直至抄造成纸的一整套以竹子为原料造纸的工艺流程及造纸作坊[1]。类似的宋代造纸作坊遗址，在浙江富阳泗州也有发现，并且其工艺技术大致相同[2]。

实际上，随着田野考古新发现的不断增多和内涵的逐步丰富，历史时期物质文明研究的各个方面都在不断进展。譬如，安阳洹北商城的发现和历代都城、地方性城邑遗址的田野考古，进一步丰富了对历代城市建设及其功能和风貌的认识；江苏张家港唐宋时期的黄泗浦港口性集镇遗址、上海青浦唐宋时期青龙镇遗址的发掘等，极大地推进了市镇的研究；安阳殷墟、周原李家村等商周青铜冶铸作坊址，临淄齐故城汉代铸镜作坊址，章丘东平陵城、陕西杨凌

[1] 江西省文物考古研究所等：《江西高安市华林造纸作坊遗址发掘简报》，《考古》2010 年第 8 期。
[2] 杭州市文物考古所等：《富阳泗州宋代造纸遗址》，文物出版社 2012 年版。

郃城等汉代制铁工场址，北京延庆大庄科辽代矿冶遗址群的调查和发掘等，极大地促进了我国古代青铜和钢铁技术以及青铜冶铸业和铁器工业的研究；甘肃肃北马鬃山玉矿遗址连续多年的调查和发掘，揭示了先秦至汉代玉矿的开采状况；1999 年在成都平原周边地区及渝东至三峡全境开展盐业考古以来，商周至唐宋时期的盐业考古，在渤海湾南岸等地广泛展开，极大地深化了关于古代制盐技术和盐业生产的认识；凤翔雍城豆腐村战国时期陶建筑材料烧造作坊、陕西富平桑园大型唐代官办砖瓦窑场等的发掘，深化了砖瓦烧造技术及烧造业的研究；从 1999 年成都水井坊明代酿酒作坊遗址的发掘到后来江西进贤县李渡元明清时期的烧酒作坊遗址、四川宜宾喜捷镇槽坊头明代酿酒作坊遗址和绵竹剑南春“天益老号”清末民初酒坊遗址等的发掘，初步揭示了元代以来的酿酒工艺技术及生产水平；重庆忠县临江二队明代炼锌遗址、湖南桂阳桐木岭明清时期以炼锌为主兼及其他金属冶炼遗址的发掘，使得我国古代炼锌技术起源和炼锌业发展的研究取得突破性进展。这些历史时期物质文明的考古发现及其研究成果，为今后历史考古学中的物质文明研究奠定了坚实的基础，开辟了新的道路。

三

精神文明是相对于物质文明而言的。它作为人类在社会历史发展过程中创造的、体现社会发展进步的精神成果，包括思想、文化、道德、教育、科学和艺术等，是人们社会关系、思想意识、道德观念、宗教信仰、风俗习惯等精神生活的总的概括。从广义上说，所谓的“政治文明”、“制度文明”和“社会组织”等，实际上也属于精神文明的范畴。当然，古代人们的精神生活和精神世界已经随着时间的脚步而消失，但它们不仅被历史文献所记述，而且在人类活动所遗留的各种遗迹和遗物上打上了深深的精神活动的烙印，以各种物质的形式为载体保留了下来，从而使得从考古学上根据实物资料对其进行物化研究成为可能。尽管根据考古学的实物资料研究精神文明不像研究物质文明那样直接、那样具体，但通过对考古学实物资料的科学解读和阐释，是完全可以做到的，而且是整个考古学研究的题中应有之意。正因为如此，俞伟超先生早在二十多年前就呼吁：我国的广大考古工作者，应当“多花些精力来研究考古资料包含的古代精神活动方面的问题”[1]。

---

[1] 俞伟超：《考古学研究中探索精神领域活动的问题》，《考古学是什么——俞伟超考古学理论文选》，中国社会科学出版社 1996 年版，第 142 页。按：该文最初发表于 1989 年《文物研究》第 5 期。

近二十年来历史时期的田野考古，使得精神文明的物化研究同样取得长足进展。从安阳殷墟和济南大辛庄的商代刻辞甲骨到岐山周公庙的周人刻辞甲骨，从安阳殷墟商代墓葬、周原铜器窖藏到各地两周时期墓葬的青铜器铭文，从湖南龙山里耶古城37000余枚秦代简牍到云梦睡虎地77号墓2137枚西汉简牍、荆州市谢家桥1号西汉墓竹简和竹牍、广州西汉南越国宫署100余枚西汉木简、湖南益阳兔子山古井战国至孙吴时期的13000枚简牍、长沙走马楼8号井1万余枚西汉竹简、湖北随州周家寨8号西汉墓360多枚竹简和木牍、成都老官山1号墓的50余枚木牍和3号墓的900余枚医药竹简、山东日照海曲106号墓的40余枚简牍，以及南昌西汉海昏侯刘贺墓数千枚简牍等地下文献资料的出土，为精神文明的研究提供了极为珍贵的资料，对此这里暂且略而不论。这里仅以世人关注的两座大墓为例进行说明。

众所共知，墓葬是田野考古中最为常见的一类文化遗存。墓葬作为当时人们丧葬观念和丧葬活动的产物，具有鲜明的时代性、民族性、等级性和地域性，是人们生死观念等精神世界的集中体现，无疑是精神文明物化研究的重要方面。

2009年河南安阳曹操墓发掘消息的公布，引起了学界以及社会上的广泛关注乃至争论。最近《曹操高陵》考古报告的出版，已经详细公布了曹操墓发掘的全部材料[1]，也给当年的争论初步画上了句号。史书记载，曹操是薄葬的倡导者和践行者，于东汉建安二十五年（公元220年）正月崩于洛阳。他在《遗令》中说："敛以时服，无藏金玉珍宝"[2]。曹植为他的父亲写的《诔文》中说："明器无饰，陶素是嘉"。曹操墓发掘出土的文物中，虽然也发现有金纽扣、银环和银饰件、玉珠、玛瑙珠、珍珠以及玛瑙饼等少量的珠宝（都是墓中死者生前佩戴之物），但数量最多的是陶器，经修复计有250余件，包括12件陶鼎等礼仪性陶器，陶灶、釜、甑、臼、盆、炉等明器，各种餐饮器具、盛储用具、家用器具的模型明器，以及水井、磨和圈厕等模型明器，"具有体形偏小、工艺粗糙、变形严重、未饰彩绘、皆为素面、仅具象征意义等特点"[3]。这就从考古学上以实物资料证明并显示了曹操所提倡的薄葬。这种薄葬观念及其做法，在整个曹魏时期得到继承和延续。2016年发掘的洛阳寇店西朱村曹魏大墓，同样出土了一批简陋粗糙的灶、井、磨、房屋等陶模型明器[4]，印证了魏文帝

[1] 河南省文物考古研究院：《曹操高陵》，中国社会科学出版社2016年版。
[2]《三国志》卷一《魏书·武帝纪》，中华书局1959年版，第53页。
[3] 河南省文物考古研究院：《曹操高陵》，中国社会科学出版社2016年版，第119页。
[4] 王咸秋：《洛阳寇店西朱村曹魏墓》，《2016中国重要考古发现》，文物出版社2017年版，第102页。

曹丕《终制》所言，“无藏金银铜铁，一以瓦器”[1]。

2015 年南昌西汉海昏侯刘贺墓的发掘，同样是世人关注的一项考古大发现。就西汉列侯墓来说，无论是其墓园设施之完备、椁室结构之复杂还是随葬品种类之丰富、数量之巨大、质量之精美，以及考古发掘之科学精细，都令人叹为观止，无疑是我国考古学上的大发现之一[2]。如此珍贵而丰富的实物资料，人们的关注点会因人而异，可以从诸多方面进行研究。仅就精神文明的研究来说，我们更多关注的是：该墓的发掘，“为西汉列侯葬制研究提供了典型标本”[3]；该墓无疑是一座典型的列侯墓，但内部结构及随葬品等诸多方面又具有诸侯王的气势，并且倾其生前所有埋葬于墓中，“集列侯墓、诸侯王气势和废帝心结于一体，构成了海昏侯刘贺墓的多重性格和总体特征”[4]；以数千枚竹简、80 余版木牍、孔子像衣镜[5]等为代表的文物所反映的当时的科学文化、思想观念和的精神生活等。

实际上，历史考古学中精神文明物化研究的资料极为丰富，内容极为广泛。各个朝代、各种等级和类别的墓葬遗存集中表现了当时人们的生死观念、丧葬观念和丧葬文化自不待言，例如：山西侯马春秋晚期至战国早期祭祀遗址、甘肃礼县鸾亭山西汉祭天遗址和陕西凤翔雍山血池村秦汉时期祭祀天地和黑帝的北畤遗址等的发掘，为东周秦汉时期祭祀文化的研究提供了重要的实物例证；陕西靖边杨桥畔东汉壁画墓中所绘包括星形、星数、图像和题名等要素在内的天文图，以及其他汉代壁画墓中的星相图和天象图，都反映出当时人们对宇宙的认识；新疆吐鲁番吐峪沟石窟寺、甘肃泾川佛教造像窖藏坑及相关遗迹、临漳邺城赵彭城和核桃园北朝佛寺遗址、邺城北吴庄佛教造像埋藏坑、太原龙山童子寺北齐至唐代的佛阁遗址、杭州五代时期的雷峰塔地宫、上海青龙镇北宋隆平寺塔基及地宫、内蒙古巴林左旗辽上京皇城西山坡佛寺遗址，以及北京大兴清代德寿寺遗址等历代佛教遗存的发掘，真实地反映了当时人们的宗教生活和宗教观念；山西沁县上庄村金代砖雕墓的 21 幅孝子故事砖雕，则艺术地再现了当时人们的孝道思想和社会价值观；各种文化遗物的造型和装饰花纹尤其是写实性图像，也都不同程度地反映出人们的艺术追求、审美观念和价值取向，如长生不老的心理诉求、企求高官厚禄和渴望子孙繁昌的时代风气、忠君和孝悌的道德观念等。

---

[1]《三国志》卷二《魏书·文帝纪》，中华书局 1959 年版，第 81 页。
[2] 江西省文物考古研究所等：《南昌市西汉海昏侯墓》，《考古》2016 年第 7 期。
[3] 信立祥：《西汉废帝、海昏侯刘贺墓考古发掘的价值及意义略论》，《南方文物》2016 年第 3 期。
[4] 白云翔：《西汉王侯陵墓考古视野下海昏侯刘贺墓的观察》，《南方文物》2016 年第 3 期。
[5] 王意乐等：《海昏侯刘贺墓出土孔子衣镜》，《南方文物》2016 年第 3 期。

四

社会生活的内容极为广泛，既包括政治生活、经济生活、文化生活和军事活动，更包括人们的衣、食、住、行和社会交往等日常生活及其方方面面，强调的是人们的行为、活动及其动因、环境、条件、方式、形态、过程及其结果等。考古学上的一切实物资料，都是古代人们社会生产和社会生活的实物遗留，而人们的一切行为和活动，都是在一定的思想观念的支配下、以一定的物质基础为条件而进行的，因此，上述物质文明和精神文明的研究，实际上都包括或涉及社会生活的研究。这里之所以提出社会生活的具象化和实证化研究，旨在强调从社会生活的角度发掘和梳理考古资料，对其各个方面进行具体的、形象地说明和阐释。当然，关于古代人们的社会生活，历史文献同样多有记载，但在其具象性和实证性方面，考古学则有着无可比拟的独特优势。

近二十年来历史时期的田野考古，为社会生活的具象化研究和实证化研究提供了大量珍贵的实物资料，极大地丰富了人们对历史时期社会生活的认识。

聚落作为人们聚居并进行生产和生活的空间，是伴随着定居生活的出现而逐步发生和发展起来的。历史时期虽然出现了都城和地方性城市，但乡村聚落仍然是分布最广、为数最多的一种。2003 年以来发掘的河南内黄三杨庄汉代聚落遗址地处黄河古道，是在新莽时期的一次大洪水中被冲毁并被淤泥和淤沙所掩埋。目前，已在 100 万平方米的范围内探明宅院 14 处，宅院之间相距 25 ~ 500 米不等；宅院周围是农田，宅院之间由道路相连，连接宅院的干道宽 8 ~ 20 米不等。其中，2 号宅院是一处坐北朝南的二进院宅院（图 2），四周有院墙环绕，大门设在南墙的中部；前院（第一进院）的西南隅是门房，东部有东厢房，与后院之间建有隔墙并有院门相通；后院（第二进院）西部是西厢房，北部是三间正房，正房西北的院外设有一处厕所；大门之外东南约 5 米处有一眼水井，水井以西不远处有一处编织遗迹；宅院西墙外有一个水塘，东墙外发现有榆树和桑树等树木遗存，宅院四周是垄作农田。房屋建筑为梁柱式木结构或墙体承重结构，墙基用砖垒砌，墙体为黄土夯筑，屋顶覆瓦（图 3）。宅院内外发现有铁犁铧、斧、刀等铁器，石臼、石磨、石磙子等石制品，陶水槽、甑、碗、瓮等日用陶器，以及砖、瓦和瓦当等建筑材料[1]。三杨庄遗址的发掘，发现了汉代一种典型的“散点式”布局的农耕乡村聚落，并真实、形象地展现出当时黄河下游两岸地区农耕聚落四周农田、“还庐树桑”的风貌。

---

[1] 河南省文物考古研究所：《河南内黄三杨庄汉代庭院遗址》，《考古》2004 年第 7 期。

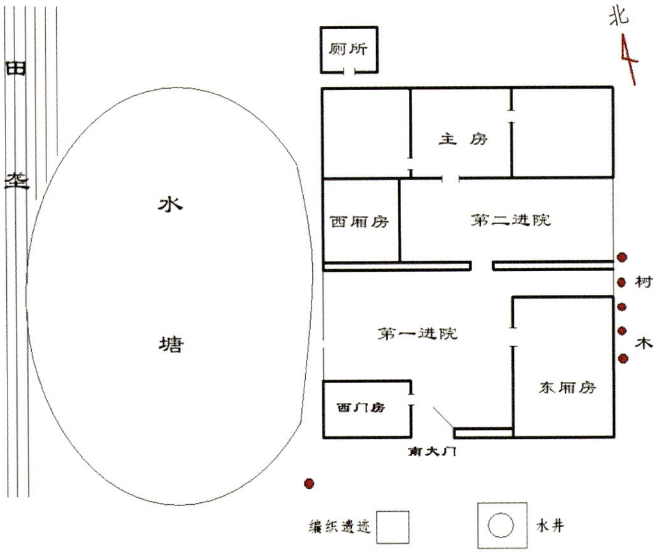

图 2. 三杨庄 2 号宅院平面图

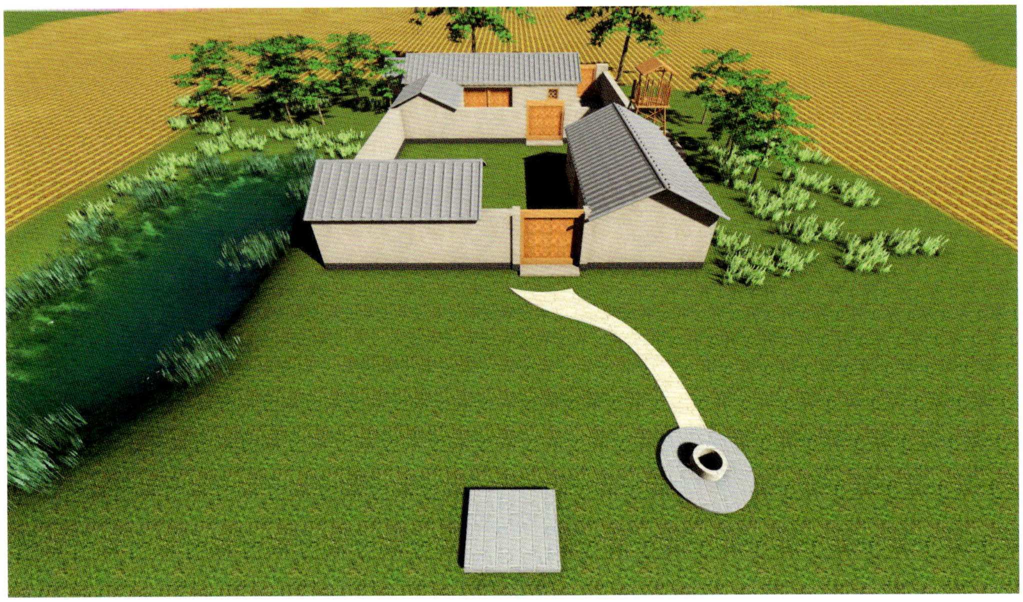

图 3. 三杨庄 2 号宅院复原图（刘海旺先生提供）

墓葬，作为田野考古中最为常见的一种文化遗存，是人们丧葬活动的一种物质遗留，而丧葬活动又是自古以来人们重要的社会活动之一。通过墓葬的发掘和研究，可以从一个侧面来复原当时的丧葬活动。譬如，2007 年发掘的江西靖安李洲坳东周墓葬，在一个南北长 14.7 米、东西宽 11.4 米、深约 4 米的土圹墓穴中，整齐地埋葬着尺寸大致相当的 47 具棺木，棺木中遗留的可供鉴定的人骨遗骸均为 15 ～ 25 岁之间的女性，其年代为距今 2500 年前后。这不仅是我国迄今发现的年代最早、埋葬棺木最多、结构最为奇特的一坑多棺型陪葬合葬墓，而且基本究明了其埋葬过程，即：先在山麓上挖建墓穴和墓道，然后在墓壁上涂抹一层厚约 1 厘米的青膏泥，同时在墓底铺垫青膏泥，并在其上铺一层竹席；将死者入殓后，封闭棺木，再用一至三层竹席包裹，并用竹篾在棺木中央及两端进行捆扎；将棺木依次放置于墓穴之中，然后分为三组用青膏泥对棺木分别进行包裹、填埋黄土、夯打后进行火烤，三组棺木相对独立而又紧密相连；然后分层填土并进行夯筑，最后在墓上堆筑起一座高约 12 米的封土，犹如一座小山丘。这就大致勾画出了当时埋葬活动的场景。

考古遗存中的各种图像，更是社会生活具象化和实证化研究的珍贵资料，其种类多种多样，既有宫室、墓葬和宗教建筑中的绘画和雕刻，也有各种器物上的图像；其内容丰富多彩，既有关于生产活动的，更有各种社会活动的。譬如，2009 年在陕西韩城盘乐发掘的北宋晚期的 218 号壁画墓，坐北朝南，墓室的西、北、东三壁皆绘有壁画，东壁所绘是佛祖涅槃的情景，西壁所绘是北宋杂剧演出的场景。北壁的下方正中所绘是端坐在屏风前木椅上的墓主人，墓主人像的右侧绘有五人，其中三个男子正在炮制中药、一个男子端盆走入、一女子手捧药汤；左侧绘有 4 人，其中一女子执团扇从屏风后走出、一男子手捧“朱砂丸”药匣、另有两男子在方桌后研读医术、辨识药材，形象地描绘了辨识药材、炮制中药的场景（图 4）[1]。

图 4. 韩城盘乐 218 号北宋壁画墓北壁壁画

[1] 孙秉君等：《陕西韩城盘乐宋代壁画墓》，《2009 中国重要考古发现》，文物出版社 2010 年版，第 170–173 页。

实际上，反映和表现社会生活的考古资料，无论种类还是数量，无论是遗迹还是遗物，都还有很多很多，它们都从不同的侧面反映了古代人们社会生活的风貌。

五

如上所述，我们结合近二十年来考古新发现的某些片段，简要论述了历史考古学的主要任务及其重点。由此也可以看出，在历史考古学中，物质文明研究、精神文明的物化研究和社会生活的具象化、实证化研究，不仅是必要的、重要的，而且是大有可为的。这里再对有关问题作进一步的说明。

首先，我们这里强调历史考古学的重点是物质文明、精神文明和社会生活的研究，但绝不是说这就是历史考古学任务的全部，也不是说这就是历史考古学的最终目标，完整的表述是：历史考古学作为有文献记载以后的历史时期的考古学，其主要任务和重点是物质文明研究、精神文明的物化研究和社会生活的具象化、实证化研究，进而研究历史时期人类古代社会的历史和文化，最终目标是探究和阐释社会历史和文化的发展进程及其规律。

其次，我们虽然把物质文明研究和精神文明的物化研究分别作为两个问题进行了讨论，但是，两者是紧密联系在一起的，在研究的实践中是无法把两者截然分开的。譬如，就田野考古中最为常见的墓葬遗存在来说，其建筑材料、构筑方式、葬具和随葬品及其制作技术当然是物质的，反映了当时生产力的发展水平，无疑属于物质文明的范畴，但“埋葬习俗自然不属于生产力的范畴。它反映的是一种信仰状况，是思想领域里的东西”[1]，自然属于精神文明的范畴，因此，墓葬遗存必须从物质文明和精神文明的结合上进行研究。再如，就青铜器来说，其器物本身及其合金成分、成型技术、装饰工艺和生产过程等无疑是物质的，属于物质文明的范畴，但其造型、花纹、装饰以及铭文等艺术表现却蕴含着人们的思想意识、审美观念乃至宗教信仰等，都是精神活动的产物，无疑属于精神文明的范畴，因此，青铜器的研究同样需要从物质文明和精神文明的结合上进行。其他文化遗迹和遗物的研究亦然。

再者，人类所有的社会活动，都是以一定的物质条件为基础、在一定的思想观念支配

[1] 俞伟超：《文物研究既要研究“物”，又要研究“人”》，《考古学是什么——俞伟超考古学理论文选》，中国社会科学出版社1996年版，第136页。按：该文最初发表于《中国文物报》1988年1月29日。

下、基于一定的行为目的而进行的，因此，社会生活的具象化和实证化研究，实际上既包含着物质文明的内容，也包含着精神文明的内容。社会生活的具象化和实证化研究的资料种类繁多，内容丰富多彩，而各种图像资料更是备受关注，从汉代的壁画、画像砖、画像石直到元明时期的壁画、砖雕和石雕等，无不是研究当时社会生活的绝佳资料。正因为如此，史学界近年来还提出了"以图证史"的所谓"图像史学"。但值得注意的是，在历史考古学中，无论是物质文明、精神文明研究还是社会生活的研究，图像类资料都极为珍贵，但是，图像和雕刻等毕竟是一种艺术作品，尤其是墓葬中的图像类资料更是一种丧葬美术品，它们并非完全是现实社会生活的原原本本的"写真"，而是经过了一定的艺术夸张和变形等，与现实生活或多或少地存在一定的差距。对此，在研究的实践中应有足够的注意。

最后需要指出的是，同史前考古一样，历史考古学无论是哪方面的研究，最基础的是田野考古调查、勘探和发掘，因为只有通过田野考古才能科学地获取实物资料和信息，也就是各种"发现"。同时，对田野考古资料的科学、系统、缜密的整理和研究同样关键，因为，只有通过科学的整理和系统的研究，才能使之成为科学的资料，才能真正认识它。当然，考古资料毕竟是物质的、静态的、局部性的和片段性的，由此出发考察历史时期的物质文化、精神文化和社会生活，还需要三个有机的结合。结合之一，是考古资料与文献记载的有机结合，这是历史考古学的特点所决定的，也只有通过这样的结合，才能从历史的宏观和微观两个方面对考古资料进行阐释。结合之二，是考古资料与现代科学技术也就是科技考古的有机结合，这是现代考古学发展的必然趋势之一，也只有通过这样的结合，才能提取更多的信息，尤其是对物质的实物资料获得科学的认知。结合之三，是考古资料与人类学和民族学的有机结合，这是考古学的特点所决定的，也只有通过这样的结合，才能把静态的实物资料转化为关于古代人们意识和行为的描述和阐释。

“美·好·中华——近二十年考古成果展”空间氛围设计对展览主题的表现

◎ 李丹丹（首都博物馆）

“美·好·中华——近二十年考古成果展”是首都博物馆联合全国51家文博单位，在2017年5月18日国际博物馆日奉献给广大观众的展览，此次上展文物近400件，内容总体上依时代序列展开，分为史前、夏商周、汉唐、宋元明清四个时期。

此次“美·好·中华”是一个以“美”和“好”为主题的展览。美，是指人们对客观事物产生美的认知的一种愉悦的心理感受；“好”则泛指一切美好的事物。这两个字升华、递进，共同修饰“中华”，直切展览意在表现“中华之美”、“中华之好”。通过近二十年考古发掘的丰富成果，来诠释物化在文物展品上的中国传统美学思想，进而展现中华传统文化的文明基因，揭示中华优秀传统文化是实现中国梦的力量源泉。这次的主题试图打破以往考古与审美之间的界限，让考古与审美相碰撞，以“审美”的角度将观众代入展览。但文物自身的表达力是有限的，而且蕴含在文物上的信息也非常复杂，必须借助能将“美”的主题发挥表现出来的展示设计方案，才能更好地引导观众按照策展设定的主题参观展览，并更好地领会展览意图。展览明线是出土文物所揭示的中国传统美学观念的发展历程，展览暗线则是中国古代长期形成的“和合”哲学思想对人与自然、人与人、人与社会关系的影响。我们的空间氛围设计就以展览明线为依托，通过对各个单元内在审美特质和艺术美学风格流变的提炼与转换，设定各单元典型的艺术风格特点，将各单元主题以视觉的方式呈现出来。同时，我们也提取了贯穿展览始终的云气纹和山片等元素，并通过对材质和色调的运用，表现展览暗线中蕴含的中国传统哲学思想对审美历程的重要影响。在做方案设计时大纲还未成形，甚至连文物都没选定，但正因如此，却给了我们更大的想象和发挥的空间！我们依据时代的不同特点，营造相应的环境氛围，让文物在环境氛围的渲染下呈现出更强大的生命力，在文物与环境氛围的双作用力下，引导观众更好的感受中国传统文化的魅力，通过对“美·好”的器物的解读感动自我，进而升华到对自身的文化认同、国家认同、民族认同。

前言

为什么古典文艺依然感动着今天的我们？

为什么陌生的艺术让我们感到亲切？
艺术品承载了多少美的基因？
求索“美”的背后那更为本质的意味，
寻找包蕴在艺术中那炽热的灵魂，
破译文物那斑驳的文明密码，
启程！

展览的序言为我们开启了诗意的旅程，展览的整体氛围设计也注重诗意、唯美的氛围营造，在总结普遍性、规律性的艺术特征的同时，注重观众的审美感受和体验，意图为观众营造一个具有浪漫色彩的序厅环境。“美·好·中华”是一部微缩的美学通史，在这样一个宏大的题材下，序厅承载的不应只局限于展示展览标题和前言的简单功能。因此，我们把序厅设计到整个展览的中心区域作为展览的核心，在序厅浓缩整个展览的主题。把序厅引到展厅的核心位置我们借助的是一条素色的富有线条韵律感的时空隧道（图1）。这条隧道不只是一条走廊那么简单，他还承载着表达中国近20年考古走过的的艰辛历程的重要作用。在象征历史进程的蜿蜒曲折的素色线条中，一条象征时间长河的素色飘带在时空隧道中渐渐升起。这条带串联起精心挑选的十二件最具典型时代特征的文物，他们分别代表了十二个历史朝代“美”的标本。盘旋升起的飘带，把序厅的圆形空间分割成易经八卦的抽象形状，象征的是中国早期的哲学思想根源。素色是含义最广的颜色，可以包罗万象。走廊与序厅中大面积素色的运用是也伟大中华光明、和平、神圣的象征

展览主标题的设计也是一次大胆的尝试，我们突破之前以平面化、纹饰化表现主标题的常规模式，把标题文字拆解成分散的笔画，以独立装置艺术作品的形式表现出来，每

图1. 穿越时间长廊

图2. "美·好·中华" 展览主标题

一个分散的笔画都象征着构成我们伟大中华文明的基因，这些强大的基因构成了我们的"美·好·中华"（图2）。

半通透的空间分割方式是这个展览的重要设计思路。我们打破以往固有观念，大量的使用网状材质作为装饰的主材，分割出各个展区的空间。从精神层面看，围合与通透的空间形式之间，体现的是中国哲学探讨的实与虚之间的关系。从实用功能看，通过对这种通透装饰材质的设计运用，改变了展厅空间形态和空间结构，并传达一种朦胧含蓄之美。最重要的是通过通透的材质的运用，可以更好的表现序厅的核心位置，并实现对其他各单元的辐射作用。通透的材质可以让观众在序厅就看到其他各单元所在区域，各单元的重点装饰元素通过半通透的网状材质对素色的序厅起着重要的映衬作用，丰富了序厅的素色环境，也延伸了观众想象的空间。我们不单在纵向的空间使用这种设计理念，在展览的横向空间也将这一理念念贯穿始终。首博的方一展厅净高7米，而文物展品的展示高度通常只在2米以下的空间。为了更好的利用空间高度，我们将展厅横向一分为二，上部用网状材质结合相应的设计元素做氛围渲染，下部文物展示空间则追求简单素雅，不做任何多余的辅助装饰，甚至将所有的辅助信息都集中于柜外的一条发光信息带上，通过设计手段帮助观众把所有的注意力都集中于展品本身，让观众在不受任何干扰的情况下，与文物进行深度对话（图3）。

任何一个历史阶段都是漫漫时间长河中一个重要的文明基因，每一件文物都印证着美的历程的发生与发展。展览的内容与形式从来都不是孤立存在的，形式要紧密配合展览内容与其完美结合。展厅对空间美学的实践，力求表现出展览的含义更为彰显传承传统文化的方向。以空间设计来表达历史、文化与哲学的力量，二者合力共同诠释古人的生活方式

图 3. "美·好·中华" 展览序厅设计

和生活美学，引导人们从文化的角度欣赏艺术，从艺术的角度理解文化，希望观众都能在观展中学会追求更加美好而诗意的生活。

道法自然（史前时期）

人法地，地法天，天法道，道法自然。

——春秋·老子《道德经·道经》

盘古开天、精卫填海……远古中国的"创世纪"传说相较于其他文明显得与众不同，阐述了人并不是造物主的终极成果，而是天地万物的普通一员。优越的地理环境与顺应天时的农业经济等因素，使中国远古先民萌生了对大自然的敬畏和恭顺，进而发展为哲学——寻找万物的秩序并与之和谐。

美——有意味的形式，萌芽于遥远的旧石器时代末期。中国艺术的"意味"从诞生伊始就蕴含着自然韵律与哲学之美。今天的我们对中国古代艺术的欣赏，源自内心跳动的本能回应。

第一单元标题指史前先民在与自然共处之中逐渐积淀了对美的认识与追求，美来自自然，美的萌芽是必然。本单元重点设计元素提取的是红陶彩绘艺术效果。史前先民在经历了漫长的岁月更迭中，在与自然的不断相处中，总结出了撒红粉、红陶彩绘等"有意味的形式"来表达他们的精神诉求，"这种原始的物态化的活动便正是人类社会意识形态和上层建筑的开始。”[1] 因此，我们借助红陶彩绘的整体环境氛围渲染，表达史前先民在原始巫术礼仪中的饱含的炽烈情感，将文物展品设计到这样的环境氛围中，强调了文物展品自身的艺术感染力，有助于观众更加主动的探索史前之美是如何以独特形态凝冻在、积淀在我们眼前的展品上，从而感受到史前先民那种对自然的敬畏心理所催生美的萌芽是多么令人感动（图 4）。

天地之道（夏商周）

天地之道，寒暑不时则疾，风雨不节则饥。

——战国《礼记·乐记·乐施》

国家政权的建立标志着文明时代的到来。文明的核心，是秩序。

原始社会全民性的巫术礼仪，在夏商周时期被权贵阶层垄断为统治法规——礼乐制度。

礼乐思想明确提出了“和”理论，寄托了先民对天、人、神一切秩序规律的渴求，构成了中华文明的基因。植根于礼乐文化的孔孟儒学，更塑造了中华民族的性格与心理。

这时期的中国艺术脱胎于原始社会的蒙昧感性，又寄托着礼乐思想的理性精神，深深地打上了文明童年期的稚拙烙印。

第二单元标题原意是像顺应天地与自然变化一样去教化民众，在此引申为夏商周时期以礼制为核心的秩序观对当时乃至后世审美潮流的深远影响。这单元的氛围设计是通过挂在空中的 10 根青铜圆柱的象征作用，表现在幻想中包含的巨大原始力量（图 5）。沉重神秘的质感设计将观众带入到这股深沉的历史力量前，表现在那个“如火烈烈”的青铜时代精神之美的体现。在这样的展览氛围下，观众可以更真切的体会到展品“以超越世间的神秘威吓的动物形象表现出的雄健庄重的神秘狞厉之美”，感受“在稚拙浪漫的器物上荡漾出的一种不可复现和不可企及的童年气派的美丽”。这一单元还讲到了汉字形体在此时获得了独立于符号意义（字义）的起源和其中所蕴含的美学意义，我们利用甲骨文和金文线条章法与形体结构之美来表现这一主题，体现独树一帜的汉字搭建起中华民族文化认同的根基。同时，在与序厅之间通透的网状材质的隔离下，也与序厅中拆解笔画的展览标题装置相呼应，表现中华文明数千年来逐步积累的文化认同产生的重要意义（图 6）。

---

[1] 李泽厚：《美的历程》，生活·读书·新知三联书店，2009 年版，第 3 页

图 4. “道法自然” 部分展厅设计与展示

图 5. “天地之道” 部分展厅设计与展示

图 6. “天地之道” 部分的设计与展示

保合太和（汉唐）

保合太和，乃利贞。

——西周《周易·乾卦·彖》

大一统国家格局推动着思想诉求的发展，儒家仁爱与道家无为既对立又统一，浓缩了儒道哲学的“天人合一”思想应运而生，道德与人欲、理性与浪漫踏上了和谐之路。

尊奉和谐的文明注定是多元包容的。商周时期犹如涓涓细流的中外文明交流，在汉唐时期俨如滚滚巨浪，为中华文明输入丰沛的养分，又向域外绽放着生命力。

汉唐艺术如同青春勃发的少年，在成长中释放天性，在交流中趋于成熟。

第三单元标题意思是长治久安才能和谐。汉唐时期的自然观、道德观、秩序观承继先秦，逐步融合了儒道释等家的思想，引领了中国哲学思想，影响了中国传统美学的发展，改变了中国历史的走向。在这个单元，文化艺术的多元性最终走向和谐与融合，汉唐大一统的国家格局以及雄豪壮伟的气势情绪是这一单元设计要表达的主题。建筑作为一种文化载体，

图 7.“保合太和”部分的设计

是伴随着人类的成长、文化的发展而发展的，是审美意识的集中体现。建筑发展到唐朝进入了一个成熟时期，形成了一个完整的建筑体系。此时建筑的风格特点是气魄宏伟，严整开朗，它规模宏大，气势磅礴，形体俊美，庄重大方，整齐而不呆板，华美而不纤巧，舒展而不张扬，古朴却富有活力，正是当时时代精神的完美体现。因此我们在此处做了最大的一处场景设计：以佛光寺为原型，对其木质框架结构进行了缩比例复原。建筑结构出挑的飞檐与展柜上方的宫阙剪影造型相呼应，共同营造一种家国情怀，表现这一时期大一统的国家气象（图7）。另一侧缓缓走入的丝路驼队剪影则表现了这一时期在多元文化的交流与融合的背景下，先秦时期形成的审美取向，必将受到巨大的冲击和影响（图8）。

和合能谐（宋元明清）

畜之以道则民和，养之以德则民合。和合故而能谐，谐故能辑。

——战国·管仲《管子·兵法》

汉唐门阀士族的衰落与科举制度的成熟发展，使宋元明清时期的文人渐趋平民化。以宋明理学为代表的新儒学继承了东周以来的儒学思想，并融合了儒、释、道三教哲义，对包括文化艺术在内的社会各领域都产生了深远影响。文人艺术与市民艺术互相影响渗透，又各领风骚。繁荣的商业经济与工艺技术革新，成为艺术发展的助推力。

图8."保合太和"部分的设计与展示

宋元明清时期是中国古代历史上又一次民族大融合时期，这一时期的艺术风尚也发生了重大变化。门阀政治的崩溃、宋明理学的兴盛、城市商品经济的发展，使宋代以降文人文化、市民文化发展起来。观众在参观完前面或素雅，或天真，或凝重，或辉煌的展厅氛围后，此时或许需要一方宁静的回味与思考的空间。因此方案设计在这里方向一转，走向了小情趣、小景致的充满文人气息的展示空间。隔扇作为中国建筑传统文化的象征，具有独特的艺术魅力。我们设计了几组拉长比例的隔扇分隔空间，这种玲珑剔透的半封闭式结构，能够营造出一种屏而不闭、隔而不断的空间效果。与之呼应，展品也被置于特殊定制的博古架上密集陈列（图 9）。隔扇与博古架，月亮门与竹石小景，几种典型的具有文人气息和传统文化特点的元素有机结合，共同修饰展厅的装饰艺术性，体现人们对美好生活的向往和对中国传统文化的继承。宋元明清是中国古代历史上又一次民族大融合时期，这一时期的艺术风尚也发生了重大变化（图 10）。观众在这样的环境氛围带入下，定会更多的领会到展品的美学价值以及其背后的情感寄托。

这个展览我们没有设计独立空间的尾厅，以第四单元的新古典文化氛围作为展览的结尾，既象征这时期哲学思想、审美观念延续至今，也寓示中华传统文化的继承弘扬没有终点，借形寄意、以物寄情，以心灵映射万象，代山川而立言，将中国传统艺术饱含寓意象征的内涵美推向新的高峰（图 11）。

图 9. “和合能谐” 部分展厅设计与展示

图 10.“和合能谐”部分展厅设计与展示

图 11. 展厅出口设计

结语

考古学是一把钥匙，

为我们打开了通往往昔之美的大门。

审美之旅在此驻足歇息，

倾听历史的回音，

远望前方的新程。

美，之于中华传统文化就是好与善，

积淀了中华民族孜孜求索的和谐智慧。

和谐，蕴含着中华文明的哲学之美，

是人类与自然界的永恒乐律。

这是一个充满设计师个人情怀的设计作品，尽管由于时间仓促，其中留有很多的失误和遗憾，但这种审美题材的展览给了设计师更多最求美的理由（图 12）。将勋曾发出感慨：“‘美’才是历史真正的核心”，如果观众通过我们对展览的陈列设计，能更好的领会到展品的美学价值和感受到其背后的情感寄托，能产生情感上的感染和精神领域的对话，那便是对我们的设计作品最好的肯定和认同。序厅中放的背景音乐是古琴曲《高山流水》，一方面是为了在声音的领域再次表现中国传统文化的魅力，同时也暗含着设计师对通过展览能觅得理解展览设计追求的知音“心向往之”的小小心愿！

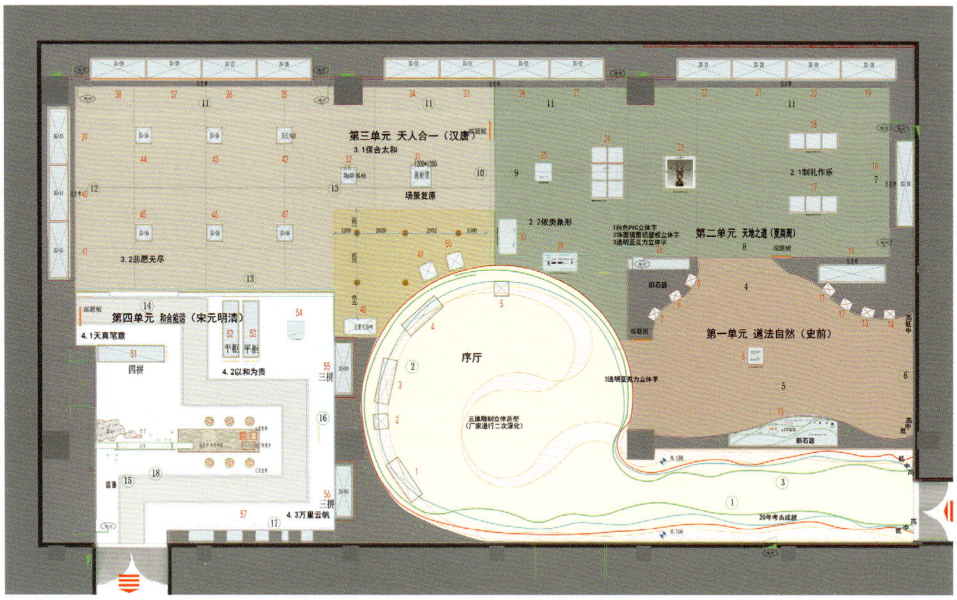

图 12.“美·好·中华”展厅平面设计图

顺应、打破与重建

——谈“美·好·中华——近二十年考古成果展”内容设计的新尝试

◎ 俞嘉馨（首都博物馆）

近年来临时展览的组织模式趋向于多家文博单位联合策划、联合办展，集多省之力的“大展”在全国遍地开花，人们的观展热潮一波未平一波又起，博物馆展览惠及百姓的服务能力日益提高。随之而来的，观众对博物馆临展的内容策划、陈列艺术设计、公众教育活动等涉及展览自身与围绕展览所进行的一系列工作不断提出新的需求。每一项新的展览任务，都是对展览策划者把握展览主题与内容设计等方面的挑战，是对讲好故事能力的考验。

诚然，博物馆所推出的每一项临展，均是一个多成分、多层次、多联系的复杂网络。在庞杂的关系中捋清脉络，形成展览内容的故事线，设计与之相应的合理的展厅参观线路，营造适度的环境氛围，令展览呈现的更加丰富、立体，并在开展前后辅以行之有效的宣传方案，帮助公众理解展览内容进而增加公众与博物馆黏性的社会教育活动等诸项事宜，成为当今博物馆展览策划之初便开始持续研讨的工作内容。本次“美·好·中华——近二十年考古成果展”的内容策展，是在高强度与高密集的工作状态下接受的一次挑战。对展品的把控，主题的确定与研讨，展览结构的逻辑设定与叙事方式等诸多方面经历了顺应、打破与重建的过程，现简以叙述。

一、顺应——把握展品的时间与空间范围

博物馆的陈列受到时间、空间限制，最终呈现在观众面前的，均是经过不断调整、筛选、研讨甚至是有所反复的展览素材。我们希望通过展览，在有限的空间内，尽量表现丰富的内容，在统一的脉络中以主题形式较为全面的展现近二十年的最新考古成就。但二十年间，考古新成果浩如烟海，面对如此宏大地展览素材，需要内容策划者分析特点并顺势而为地提出解决对策。

首先，时间跨度大。本次展览是继 1996 年后，首次对我国考古学成果集中的一次展示。跨越新世纪的二十年，是科学技术跨越式推进的二十年，考古学蓬勃发展的二十年。最初我们的参考范围囊括了全国各省市自治区的考古所、博物馆在内的 80 多家单位，并搜罗了在规定时间段内“全国十大考古发现”的获奖名单与入围名单、“考古田野奖”的获奖名单与入围名单，历年由国家文物局组织编写的《中国重要考古发现》所提及名录。二十年的考古学成果，涵盖范围宽广，远到人类活动的旧石器时代遗迹，近至近期发掘的辽宁致远舰船体残骸，均是我们在筹展之初，展览内容参考的基础。

其次，涵盖的空间范围广。考古学二十年的发展，其研究范畴从以往对单个墓葬、遗

址的发掘与研究，发展到对聚落、大遗址的研究，涵盖了960万平方公里的陆地国土，近300万平方公里的蓝色国土。随着探讨区域文明化进程与文明模式的研究，考古学本身已经成为一门融汇各种自然科学手段的多学科交叉的学问[1]。无论我们确定了以何种角度来诠释展览主题，极大丰富的考古学研究成果，都会为策展提供有力且充足的内容支撑。

根据文献资料，借助中国文物交流中心对全国文物状况所掌握一手信息，首批借展清单选取了800多件文物藏品作为借展调研的依据，调研组同仁同时持有抛砖引玉的态度，希望在调研工作的开展过程中收获更多的意外之喜。

首都博物馆与中国文物交流中心通力合作，前后有三四十人参与到文物调研、调集的工作当中，22条线路，基本囊括了全国大部分的省市自治区。这一过程中变数颇多自是难免，路线的规划与设计有赖于中国文物交流中心多年所积累的丰富筹展经验，及前方调研部队与后方大纲撰写小组的通力配合。最终确定了52家参展单位，达到了351组件文物展品。确保如期开展。

二、打破——展览主题与结构的研讨

如果说展品的确认与调集工程浩大，拼的是体力与经验，那么对展览主题与结构的研讨与把握，是更为“烧脑”的任务。陈列设计是赋予碎片化的、价值中立的物件和空间以意义和情感的“无形之手”[2]。其中，展览主题作为展览叙事表达且贯穿始末的核心，其方向的最终确定，将影响整个展览的逻辑序列与呈现方式。本次展览主题的设计几易其稿，经历了从讲述文明发展史到技术演进历程，从介绍中原与边疆、多民族的互动与交流，到探讨对人类生存与死亡的哲学认识论的剖析等等，不同视角的结构设计，经历了十余版大纲的洗礼。“如何做一个不以考古学谈考古学的展览”、“如何做一个具有故事性的展览”、“如何做一个平易近人的展览”等诸多问题曾一度令展览策划陷入困境。

在“实现中华民族伟大复兴”的新时期下，在新思路、新理论、新观点、新技术蓬勃发展的环境下，考古学在博物馆陈列中曾经惯用的“面朝黄土背朝天”的设计方式定位，教科书式的展览叙事结构，已经无法满足人们对自身文化追求的需要，对博物馆陈列形式和内容的期待。

十年前，“考古学”对于公众而言是陌生的、神秘的、有距离感的，是象牙塔中的学科。随着大众传媒的介入，考古工作和发掘成果被越来越多的群体所关注，由“古玩热”所带

---

[1] 王巍：《考古2016·青年学者圆桌会议分享之五：王巍先生寄语青年考古学者》，《考古河山》公众号2016年10月19日发布。

[2] 宋向光：《博物馆陈列的实物性元素及内容结构析》，《东南文化》2016年2期。

动的“探宝风”，成为以兜售“寻宝”、“探秘”等噱头的影视作品的素材。这虽然增加了考古学曝光度，提高了公众对考古工作的关注，但作为影视题材的考古学，成了片面追求商业利润，迎合市场消费趋向的工具，考古学的科学精神被忽略，而花边新闻、小道消息甚至是质疑、误读等负面言论却因其更具话题性、更吸引眼球而被反复炒作，削平了人们的审美空间，把审美变成单纯的消费，简化为感官的刺激反应[1]。

放任的野蛮生长带来结果往往与当初的预期有所出入。城市是文化的容器，博物馆是城市的名片，是连接过去与未来的纽带，是沟通中国与世界的桥梁。在当今时代，博物馆肩负的责任更加重大。博物馆作为公共文化服务机构，在展示与传播人类文明、引导大众文化品位等方面发挥着重要作用。需要在顺应当前观众观展习惯的基础上，打破旧有思维，推出新的博物馆陈列语言，满足广大观众的要求，同时适合于博物馆的场地。由此，需要展览放弃传统的教科书、编年体式的陈列结构，寻求一种考古类展览叙事方式的突破。

首都博物馆的展览定位为服务于初中以上文化程度群体，也就意味着我们的展览语言不可过于艰深，展览内容要与人们的经验产生关联性，以更加平易近人方式提高传播效果，陈列设计应贴近观众的参观习惯。经过反复推敲，最终我们决定尝试以“美”，这个和每个人息息相关又看似易于接受的语汇入手，探讨审美本身的意义，潜移默化地教给人们对真善美的认识。

在学术刊物中，以“考古”、“展览”为关键词进行统计，共同出现情况即反映了两词汇并行时人们的普遍认知（图 1，见下页）。“考古发现”、“考古遗址博物馆”等直接展示考古工作内容与展览联系的词语在学术研究关键词汇中出现最多，也是考古类展览通常进行内容设计的方向。以“审美”“展览”作为关键词在学术刊物中共同出现情况，反映了“审美”与“设计”“空间”等设计类词汇关系更为密切（图 2，见下页）。根据这两张图[2]所展示的以往词汇分布与关系状况，“情理之中”是我们此次展览内容设计上需要打破的“壁垒”。此次展览以博物馆为载体，将“审美”与“考古”建立起关联。

其实，考古资料尽管称作文物，当回到目光所及之处，回到它们被创造、被使用并被赋予意义的历史空间当中，大部分文物都是很“私人”的艺术品，或外形姣好，或选材卓越，或工艺精湛，或意义非凡。透过这些曾经集脑力与体力于一身的艺术品，看到的不是活着，而是生活。也许是古人惬意的日常瞬间，浓浓的亲情之爱，“礼仪三百，威仪三千”的古代礼乐制度，如此鲜活的轨迹，描述着它们被专门制造出来，表现人们精神世界的真实，或被日用的真实，勾勒出定格在历史中的生活与生命的瞬间。置于博物馆展厅这一公共空间中，借助环境氛围的烘托，让历史文物自己去收获今人的品评。对于观众，这不是一项活动，而更像一次体验，一次发现之旅。

---

[1] 李游：《文化产业的哲学思考》，中南大学 2008 年硕士学位论文 。

[2] 这两张图均来自中国知网中针对关键词的共现统计结果。

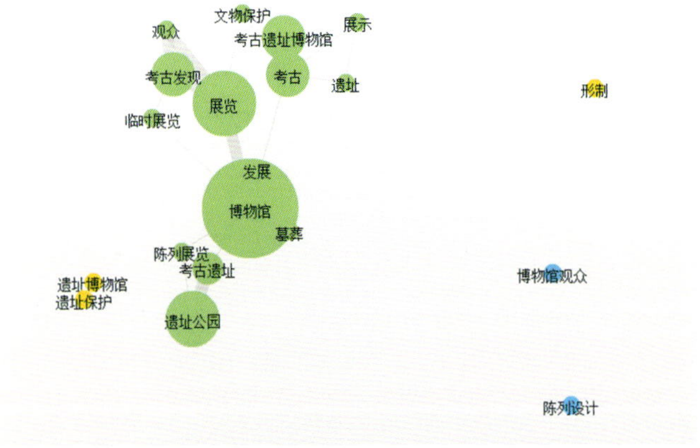

图 1.“考古”“展览”作为关键词时在以往学术期刊中的共现关系图

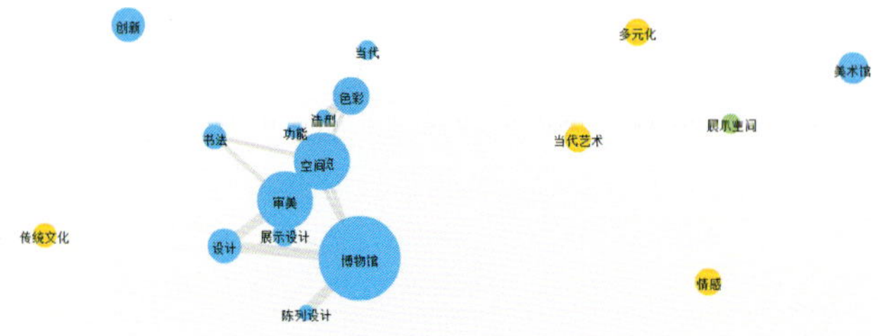

图 2.“审美”“展览”作为关键词时在以往学术期刊中的共现关系图

三、重建——展览叙事线索与内在逻辑的建立

如此繁盛的文物资料作为素材，以中国传统美学思想入手，从审美与历史的互动关系进行解读与设计。需要在这个方向上继续对与展览主题有关的概念、观点进行解构，理解内涵并最终重建展览叙事线索与内在逻辑。

中国人的一个亘古观点，认为人不是创造的终极成就，人在世间万物的规则中只占据了一个相对而言无关紧要的位置。其他任何文明都没有如此强调自然的形态和模式，以及人类的恭顺回应[1]。独特的天人合一的中国式认知，随着时间的推移，被人们以不同的艺术呈现方式发挥到极致，中华艺术的独具之美便在于和谐感的表达。由此，展览将从蕴藏着自然韵律与哲学之美的中国艺术的诞生伊始说起。

中华艺术与我们古老的祖先乃至今人的生活息息相关。寻找万物的秩序并与之和谐，这种传承与联系，犹如鱼生活在水中却感觉不到水的存在，但已成为我们看待自身与历史

[1] 迈克尔·苏立文：《中国艺术史》，上海人民出版社 2014 年版。

的感觉，也成为展览叙事的时间线索，即大致清晰的从早到晚的艺术发展历程。

每个单元切分后，内在逻辑结构的确立，需要对艺术进行理解和剖析。通常艺术的范畴，涉及几个层面，其一是人类“文化”的问题，不同的地域、民族都有着不同的文化特性；其二是有关人类“文明”的问题，一种高尚人性的体现；其三是“生活”，与人类息息相关；其四是“生命”，所谓“境界”所在；其五是“思想”，艺术家不仅是将个人的思想，也将所处的时代背景及文化相关的整体内涵，不自觉地纳入到其艺术创作之中。以上这些内涵会因地理、气候及文化种族的不同，形成不同的文化体系，也便会有不同的艺术表现特征[1]。艺术所涉及的内涵太过宽广，因此在借助考古文物进行表达时，需要以一种看似简单且层次丰富的方式呈现我们的展览主题与内容。

最终我们确定了以明、暗两条线索，展开对美好中华的叙述。展览明线为出土文物所揭示的中国传统审美观念的发展历程，一件件出土青铜器、瓷器、玉器、丝织品、金银器等等繁多的文物种类，所展示的各历史时期艺术精品，反映了当时精湛的工艺制造水平，代表了中华艺术之美，是中华民族文化、艺术、智慧的结晶，体现了中国人自古至今不乏大国工匠，这是一种很直观的体验；展览暗线以“好”话“美”，从中国古代长期形成的“和合”哲学思想入手，展现其对人与自然、人与人、人与社会关系的影响，从而折射出文明的发展与繁荣，多元文化的交流与融合，升华到中华文明的发展规律——文化认同、国家认同、民族认同。

四、结　语

展览结构的划分与设计结合了考古学特点，提炼各个历史时期的美学精神与美学历史文化背景，依据时代序列，以各个时期美学现象表达主旨，将美学发展历程与中华文明发展规律融为一体，诠释美学流变。展览内容的构思与展厅环境、展品位置，展览框架下对文物展品的知识、态度、价值取向等表达联系起来，通过展厅空间分割、色彩、照明等设计手法，赋予所期望的叙事情感和情绪。

展览所呈现的仅仅是中华之美的冰山一角，倾听历史回音，远望中华之美的旅程刚刚启程。走到展厅最后，重新审视 360 件组文物所构筑的中华之“美”与“好”，不由得令人感慨。中华大地居于欧亚大陆最东端，我们的祖先通过一代代的耕耘，打开了古代中国走向世界、连通东西方的通道，成为连接昨日辉煌与未来愿景、架起中国梦和世界梦的桥梁。徜徉在历史过往云烟中，上千年历史跨度，就是从此岸到达了彼岸，保持着先人们的生活惯性与生命的倔强。借助考古学这把钥匙，四季轮转的天地，冰与火演奏的乐章，共谱美好中华的最强音。

[1] 巴东：《文化、艺术与生命活动的内涵关系》，《历史文物》第 26 卷第 3 期，2016 年。

前　言

为什么古典文艺依然感动着今天的我们？
为什么陌生的艺术让我们感到亲切？
艺术品承载了多少美的基因？

求索“美”的背后那更为本质的意味，
寻找包蕴在艺术中那炽热的灵魂，
破译文物那斑驳的文明密码，
启程！

PREFACE

Why do the classical art and culture move us?
Why don’t we emotionally betray our ancestors when we see an artistic phenomenon that is not familiar with?
How much data could we get from the genetic code that has been carried in the work of art?

Let’s set out the journey to the past, in order to find out the true nature of beauty and the spirit of art by breaking the code of ancient civilization!

一

道法自然（史前时期）

人法地，地法天，天法道，道法自然。
——春秋·老子《道德经·道经》

盘古开天、精卫填海……远古中国的“创世纪”传说相较于其他文明显得与众不同，阐述了人并不是造物主的终极成果，而是天地万物的普通一员。优越的地理环境与顺应天时的农业经济等因素，使中国远古先民萌生了对大自然的敬畏和恭顺，进而发展为哲学——寻找万物的秩序并与之和谐。

美——有意味的形式，萌芽于遥远的旧石器时代末期。中国艺术的“意味”从诞生伊始就蕴含着自然韵律与哲学之美。今天的我们对中国古代艺术的欣赏，源自内心跳动的本能回应。

The Beginning of Aesthetic Awareness

In favor of the geological environment and agricultural practices that went on well with the climate changes, Chinese people who lived in the ancient society naturally held in awe and veneration toward the rule of the Great Nature. This veneration toward nature was developed into a philosophical concept that was to explore the common understanding on universal laws.

Beauty becomes a “significant form” germinated from the end of primitive society. The uniqueness of the “significant form” in Chinese art contains rhythms of nature and the beauty of philosophy since it was born at the very beginning in history.

打制细石器（1 组）

Microlithic stone tools (a set)

旧石器时代晚期（约 1.2-1.5 万年前）
Upper Paleolithic Period
(ca. 12,000 B.P. – 15,000 B.P.)
长 1.6-3.6 厘米，宽 1.2-1.8 厘米
河南省许昌市灵井旧石器时代遗址出土
河南省文物考古研究院藏

灵井遗址是国内首次发掘的以泉水为中心的旧石器时代遗址，是古人类加工兽皮和工具的营地。这几件细石器就包括用于切割、加工兽皮的尖状器和刮削器。灵井先民用来制作石器的玉髓、玛瑙等优质石料并不产于当地，体现了古人类在长期的劳动过程中已逐渐对规律性的形式要求如色彩、光滑、均匀等产生了朦胧的理解和偏好。古人类对石器材料的选择和加工正是设计和装饰艺术的萌芽。

披毛犀牙针（2件）
Needle made from woolly rhinoceros's teeth

旧石器时代晚期（约1.2-1.5万年前）
Upper Paleolithic Period
(ca. 12,000 B.P. – 15,000 B.P.)
长4.6厘米，宽0.9厘米
长4.3厘米，宽0.6厘米
河南省许昌市灵井旧石器时代遗址出土
河南省文物考古研究院藏

在灵井遗址发现了多枚用披毛犀的臼齿牙皮制成的牙针，磨制精美，尖部有使用痕迹，已形成化石。以往在北京周口店山顶洞等1万多年前的旧石器时代遗址曾经发现过骨针，但用动物牙齿磨制的针在国内尚属首次发现。牙针相比骨针更适宜缝制衣物，说明史前人类对服装加工制作精细程度的要求越来越高。

背　正　背　正

蚕形骨饰
Silkworm-shaped bone made ornament

新石器时代（约10000年前-前21世纪）
Neolithic Period
(ca. 10,000 B.P. – 21st century B.C.E.)
残长6.5厘米，宽1.8厘米
河南省巩义市双槐树遗址出土
郑州市文物考古研究院藏

这件蚕形骨饰小巧玲珑、造型生动、制作精良，反映了史前人类精湛的雕刻技术与对自然形象的细致观察与高度模仿、创作能力。史前艺术形象往往代表了生殖、收获、丰产等强烈的巫术内涵，而不仅仅出于审美需求。

小口尖底陶瓶

Pottery vase with narrow mouth and pointed base

新石器时代（约 10000 年前 - 前 21 世纪）

Neolithic Period

(ca. 10,000 B.P. – 21st century B.C.E.)

高 89 厘米，口径 9.5 厘米，腹径 29 厘米

陕西省西安市高陵区杨官寨出土

陕西省考古研究院藏

小口尖底瓶长期被认为是汲水器，但一部分小口尖底瓶并无系耳，没有重心支点，不能实现水满则正的需要，更可能是一种储水器。根据造型推断，尖底便于插放地上或是立于支架上，环境适用性强。倾倒时以腹部最宽处为中心，便于移动瓶口，方便倾倒，小口的设计则使水不易溅洒。此瓶的设计兼顾了水的运输、储存和倾倒等多方面需求。造型与功能相吻合，是设计艺术的基本原则。

八角星纹陶罐
Pottery jar with octagonal pattern

新石器时代（约 10000 年前 - 前 21 世纪）
Neolithic Period
(ca. 10,000 B.P. – 21st century B.C.E.)
高 27 厘米，口径 23.3 厘米，腹径 26 厘米
湖南省洪江市高庙遗址出土
湖南省文物考古研究所藏

湖南省洪江高庙遗址是距今约 7000 年左右的大型祭祀场所，对后来祭坛的布局和结构产生了先导性的影响，对追溯我国宗教祭仪活动的起源和发展具有非常重要的意义。这组装饰有凤鸟、兽面和八角星象等神像图案的陶器及陶器残片，是中国目前所见年代最早的装饰有这类纹样的器物。

兽面纹陶碗

Pottery bowl with beast face design

新石器时代（约 10000 年前 - 前 21 世纪）

Neolithic Period

(ca. 10,000 B.P. – 21st century B.C.E.)

高 6.8 厘米，口径 14.5 厘米

湖南省洪江市高庙遗址出土

湖南省文物考古研究所藏

兽面纹陶片

Potsherd with beast pattern

新石器时代（约 10000 年前 - 前 21 世纪）

Neolithic Period

(ca. 10,000 B.P. – 21st century B.C.E.)

长 8 厘米，宽 10 厘米

湖南省洪江市高庙遗址出土

湖南省文物考古研究所藏

该种兽面纹与浙江良渚文化遗址出土的遗存中的兽面纹相类似，是兽面纹的一种，可能在传承发展中有某种联系。

凤鸟纹器座

Pottery jar with birds

新石器时代（约 10000 年前 - 前 21 世纪）

Neolithic Period

(ca. 10,000 B.P. – 21st century B.C.E.)

高 17 厘米，口径 14.5 厘米，底径 29 厘米

湖南省洪江市高庙遗址出土

湖南省文物考古研究所藏

太阳纹陶碗

Pottery bowl with solar mark pattern

新石器时代（约 10000 年前 - 前 21 世纪）

Neolithic Period

(ca. 10,000 B.P. – 21st century B.C.E.)

高 10.8 厘米，口径 17.8 厘米，底径 13.5 厘米

湖南省洪江市高庙遗址出土

湖南省文物考古研究所藏

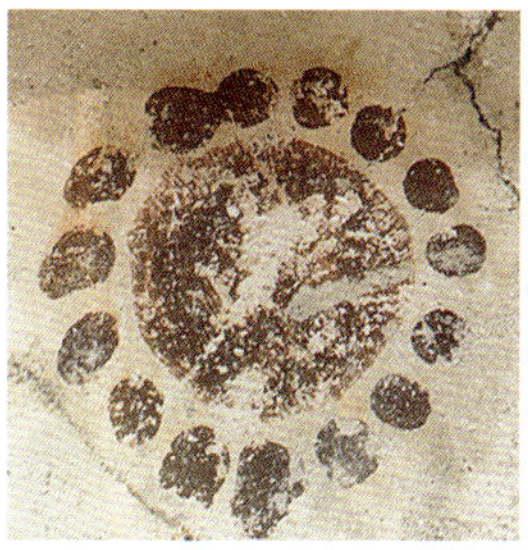

八角星纹陶片

Potsherd with octagonal-shaped pattern

新石器时代（约 10000 年前 - 前 21 世纪）

Neolithic Period

(ca. 10,000 B.P. – 21st century B.C.E.)

长 5.5 厘米，宽 5 厘米

湖南省洪江市高庙遗址出土

湖南省文物考古研究所藏

凤鸟纹陶片

Potsherd with bird pattern

新石器时代（约 10000 年前 - 前 21 世纪）

Neolithic Period

(ca. 10,000 B.P. – 21st century B.C.E.)

长 6 厘米，宽 7 厘米

湖南省洪江市高庙遗址出土

湖南省文物考古研究所藏

彩绘陶片（2件）

Color painted potsherds

新石器时代（约 10000 年前 - 前 21 世纪）

Neolithic Period

(ca. 10,000 B.P. – 21st century B.C.E.)

河南省三门峡市庙底沟遗址出土

河南省文物考古研究院藏

仰韶文化庙底沟类型的彩陶达到了史前彩陶艺术的顶峰。明快和谐的红底黑花和白底黑花纹饰是其特色。彩陶图案的主流是植物花卉形图案，还有少量的动物纹、火焰纹等。圆点在几何纹饰中起到了中心连接作用，以圆点、弧线三角为母体构成色泽鲜艳、变化多端的图案，充满生命力的动感之美。每一件彩陶器的图案都绝不相同，均为手工描绘，反映了史前先民高超的手工技术和充满浪漫色彩的想象力。彩陶艺术在中国史前文化的广泛传播也标志着文化认同，推动了中华文明的萌芽。

涂朱砂人面陶器

Pottery ware in the shape of a human being's face

新石器时代（约 10000 年前 - 前 21 世纪）

Neolithic Period

(ca. 10,000 B.P. – 21st century B.C.E.)

高 8 厘米，宽 9.6 厘米

陕西省西安市高陵区杨官寨遗址出土

陕西省考古研究院藏

此器人面刻画简洁但明显具有表情特征，涂有朱砂，其功能应与巫术活动有关。

彩陶盆
Color painted basin

新石器时代（约 10000 年前 - 前 21 世纪）
Neolithic Period
(ca. 10,000 B.P. – 21st century B.C.E.)
高 16.6 厘米，口径 28 厘米，腹径 31 厘米，底径 10.6 厘米
河南省三门峡市庙底沟遗址出土
河南省文物考古研究院藏

这件彩陶盆是极为典型的仰韶文化彩陶器。仰韶文化代表了中国新石器时代的一个发展高峰，其彩陶艺术以黄河中游为中心影响达半个中国。这件彩陶盆的纹样采用色彩双关法，黑白两色互为底色，使黑、白都可以单独构成纹样，是仰韶文化庙底沟先民的代表性花纹，复合了垂弧纹、弧边三角纹、窄带纹、圆点纹等多种几何图案，线条圆润而富于变化，随意中蕴含着规律，折射出质朴自然的世界观。

骨笛

Bone made flute

新石器时代（约 10000 年前 - 前 21 世纪）

Neolithic Period

(ca. 10,000 B.P. – 21st century B.C.E.)

长 20.9 厘米

河南省舞阳县贾湖遗址出土

河南省文物考古研究院藏

音乐是艺术与科技的结合，乐器体现了工艺技术的发展水平。贾湖骨笛是迄今中国考古发现的最古老的乐器，也是世界上最早的吹奏乐器，用鹤类长肢骨管制成，磨制精细。史前艺术蕴含着强烈的观念意识，史前音乐、舞蹈往往与巫术礼仪有着紧密联系，浓缩了先民的情感和信仰。

几何形图案壁画

Wall painting in geometric pattern

新石器时代（约 10000 年前 - 前 21 世纪）

Neolithic Period

(ca. 10,000 B.P. – 21st century B.C.E.)

长 24 厘米，宽 20 厘米

陕西省神木县石峁遗址出土

陕西省考古研究院藏

石峁遗址是目前发现的最大的史前时期城址。壁画在石峁古城是非常普遍的建筑装饰，在遗址内已发现多达二百多块壁画残块。壁画图案由几何图形构成，以白灰面为底色，包含了红、黄、黑等几种颜色。这批壁画和汉代以后的壁画较为相似，说明中国早期壁画的制作工艺及绘制技法早在 4000 多年前的史前时期就已形成。

玉人

Jade figurine

新石器时代（约 10000 年前 - 前 21 世纪）

Neolithic Period

(ca. 10,000 B.P. – 21st century B.C.E.)

高 7.9 厘米，宽 2.5 厘米，厚 0.8 厘米

安徽省含山市凌家滩遗址出土

安徽省文物考古研究所藏

玉人两臂弯折回曲，掌心向内，作祈祷状，双腿弯曲似坐姿，该形象可能与祭祀祈祷有关。玉人的面部特征已非其他文化中巨眼牛鼻的抽象神像，基本与人类脸谱相同，并非臆想的天神像。玉人头部的格纹状装饰，似冠饰部件，腰部的斜纹可能代表腰带，腕部的圈状纹饰可能代表 8 只手环。玉人背面有穿孔，似为挂饰。

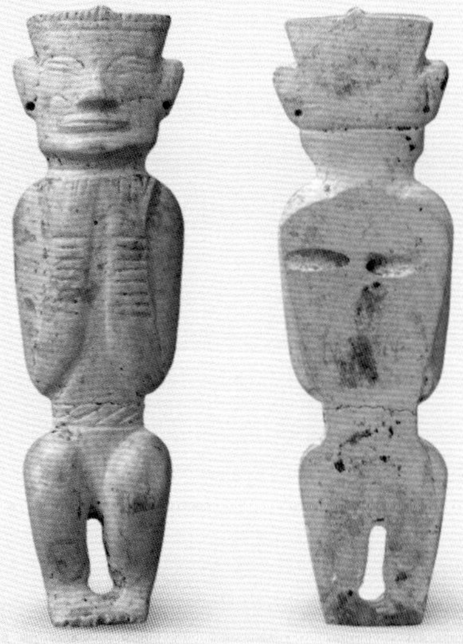

正　　背

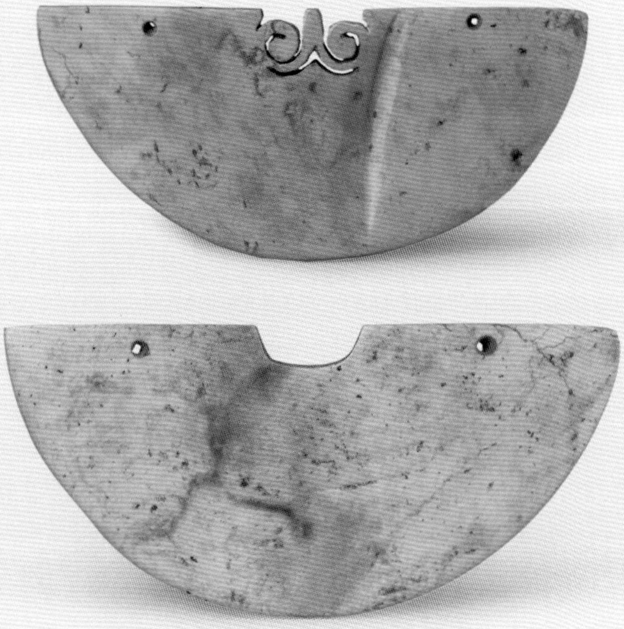

玉璜（2 件）

Jade *huang* pendants

新石器时代（约 10000 年前 - 前 21 世纪）

Neolithic Period

(ca. 10,000 B.P. – 21st century B.C.E.)

高 5 厘米，宽 10.9 厘米，厚 0.4 厘米

高 5.6 厘米，宽 12.1 厘米，厚 0.6 厘米

浙江省杭州市官井头遗址出土

浙江省文物考古研究所藏

兽首纹玉璜

Jade *huang* pendant

新石器时代（约 10000 年前 - 前 21 世纪）

Neolithic Period

(ca. 10,000 B.P. – 21st century B.C.E.)

长 10.5 厘米，宽 1.25–1.6 厘米，厚 0.5 厘米

浙江省杭州市官井头遗址出土

浙江省文物考古研究所藏

璜是新石器时代各文化普遍存在的玉器，两端均有钻孔，应是穿绳悬佩的装饰用玉。早期玉璜造型可能是模仿彩虹，是古人祭祀与审美意识结合的产物。玉璜在商周时期仍然可见，成为了饰品装饰的一部分。

玉璜

Jade *huang* pendant

新石器时代（约 10000 年前 - 前 21 世纪）

Neolithic Period

(ca. 10,000 B.P. – 21st century B.C.E.)

长 11.5 厘米，宽 5.5 厘米，厚 0.6 厘米

安徽省含山市凌家滩遗址出土

安徽省文物考古研究所藏

玉琮
Jade *cong* tube

新石器时代（约 10000 年前 - 前 21 世纪）
Neolithic Period
(ca. 10,000 B.P. – 21st century B.C.E.)
高 5 厘米，边长 7.5 厘米
山西省芮城县清凉寺庙底沟二期墓地出土
山西省考古研究所藏

玉琮中间是双面管钻的圆穿孔，孔内壁光滑，四个侧面较为平整，每一面的中部各有两条竖向凹槽，凹槽中间较为宽深，两端略浅。山西省清凉寺墓地出土的这件玉琮，不仅是晋南，而且也是中原地区年代最早的玉琮，其墓主人可能是首领级人物。

玉琮式管
Jade *cong* tube

新石器时代（约 10000 年前 - 前 21 世纪）
Neolithic Period
(ca. 10,000 B.P. – 21st century B.C.E.)
通高 10.6 厘米，孔径 1 厘米
浙江省桐乡市姚家山良渚文化贵族墓葬出土
浙江省文物考古研究所藏

玉璧

Jade *bi* disc

新石器时代（约 10000 年前 - 前 21 世纪）

Neolithic Period

(ca. 10,000 B.P. – 21st century B.C.E.)

直径 12 厘米，厚 0.5 厘米

山西省芮城县清凉寺庙底沟二期墓地出土

山西省考古研究所藏

玉镯

Jade bracelet

新石器时代（约 10000 年前 - 前 21 世纪）

Neolithic Period

(ca. 10,000 B.P. – 21st century B.C.E.)

直径 9.5 厘米，孔径 6.5 厘米，厚 2 厘米

浙江省杭州市官井头遗址出土

浙江省文物考古研究所藏

玉镯作为史前先民的饰品，既具有实用功能，同时彰显了拥有者的身份地位。

玉璧

Jade *bi* disc

新石器时代（约 10000 年前 - 前 21 世纪）

Neolithic Period

(ca. 10,000 B.P. – 21st century B.C.E.)

直径 5.5 厘米，孔径 1.5 厘米，厚 0.6 厘米

安徽省含山市凌家滩遗址出土

安徽省文物考古研究所藏

玉璧在新石器时代是一种重要的玉礼器，在不同等级墓葬中的随葬数量和规格差别很大，从一件到四五十件不等，且大多制作不精，是专用于随葬的冥器，被赋予了敛尸防腐以及象征财富的功能。

玉璧

Jade *bi* disc

新石器时代（约 10000 年前 - 前 21 世纪）

Neolithic Period

(ca. 10,000 B.P. – 21st century B.C.E.)

最长 13 厘米，最宽 10.7 厘米，内径 3.3 厘米，厚 0.6 厘米

辽宁省朝阳市牛河梁红山文化遗址出土

辽宁省文物考古研究所藏

玉牙璧

Jade *bi* disc with teeth

新石器时代（约 10000 年前 - 前 21 世纪）

Neolithic Period

(ca. 10,000 B.P. – 21st century B.C.E.)

边长 14 厘米，厚 0.6 厘米，孔径 6 厘米

山西省芮城县清凉寺庙底沟二期墓地出土

山西省考古研究所藏

该件玉牙璧呈青绿色，周边钙化发白，抛光较好。平面为方形，由中心孔向边缘逐渐变薄。四牙边刃明显，向同一方向旋转。两面均有加工时用线拉切的痕迹，中心圆孔为两面管钻，体现了史前时期高超的玉器加工工艺。

石钺

Stone *yue* axe

新石器时代（约 10000 年前 - 前 21 世纪）

Neolithic Period

(ca. 10,000 B.P. – 21st century B.C.E.)

长 33.1 厘米，孔径 6.4 厘米

浙江省杭州市官井头遗址出土

浙江省文物考古研究所藏

玉石钺从石斧演变而来，是史前贵族象征威权与地位的重要礼器。石斧是史前时期的常用狩猎和手工工具，而玉石钺从实用兵器进一步演化为军权的象征，在中国史前时期其作用类似于权杖。已发现的出土玉石钺皆无使用痕迹，也表明玉石钺纯为仪仗礼器。

玛瑙钺

Agate *yue* axe

新石器时代（约 10000 年前 - 前 21 世纪）

Neolithic Period

(ca. 10,000 B.P. – 21st century B.C.E.)

长 19 厘米，宽 8.1 厘米，厚 1.1 厘米

安徽省含山市凌家滩遗址出土

安徽省文物考古研究所藏

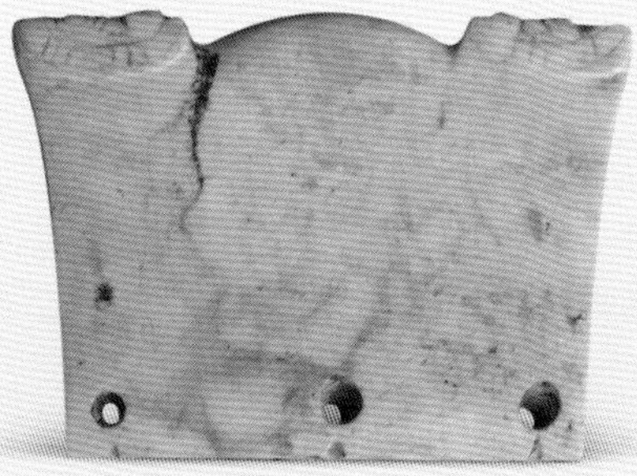

龙首纹玉梳背

Jade comb shaft

新石器时代（约 10000 年前 - 前 21 世纪）
Neolithic Period
(ca. 10,000 B.P. – 21st century B.C.E.)
高 3.3 厘米，上宽 4.7 厘米，下宽 3.85 厘米，厚 0.4 厘米，龙头宽 0.5 厘米
浙江省杭州市官井头遗址出土
浙江省文物考古研究所藏

玉梳背顶端有“介”字形凹凸造型，颇似良渚神徽纹样，表明玉梳背很可能是作为神灵的象征物和降神巫术所需的一种法器，这对于研究中国人插梳之俗的起源具有重要意义。

三叉形玉器

Fork-shaped jade tool

新石器时代（约 10000 年前 - 前 21 世纪）
Neolithic Period
(ca. 10,000 B.P. – 21st century B.C.E.)
通高 4.3 厘米，上宽 5.5 厘米，厚 1.0 厘米
浙江省桐乡市姚家山良渚文化贵族墓葬出土
浙江省文物考古研究所藏

三叉形器均出土于当地的大中型墓葬，一般位于死者头部，每墓只出一件。出土时，中叉的上方常与一根或数跟玉管相连，似为组合使用的头部饰物。有观点认为玉三叉形器源自当地先民的鸟崇拜，中叉象征鸟的尾翼，左右分叉则象征鸟的双翅。

正

背

玉玦
Jade *jue* slit ring

新石器时代（约 10000 年前 - 前 21 世纪）
Neolithic Period
(ca. 10,000 B.P. – 21st century B.C.E.)
直径 5 厘米，厚 0.8 厘米，孔径 2 厘米，豁口宽 0.3 厘米
浙江省杭州市官井头遗址出土
浙江省文物考古研究所藏

以往认为这种环形缺口玉器是作为耳饰使用，但考古发掘也发现了该类器物套在墓主手指上的情况。良渚文化出土的玉玦并不多，且整体呈璧形，也可能作为串饰的一个组件，体现了先民对美的追求。

龙首形玉饰
Dragon shaped jade ornament

新石器时代（约 10000 年前 - 前 21 世纪）
Neolithic Period
(ca. 10,000 B.P. – 21st century B.C.E.)
直径 1.7 厘米，厚 0.55 厘米，孔径 0.6–0.7 厘米
浙江省杭州市官井头遗址出土
浙江省文物考古研究所藏

这件玉饰体量很小，以龙首形象进行装饰，其用途可能为挂坠。官井头遗址出土的 700 余件玉器当中，仅发现 2 件龙首形玉饰，它们分别出土于两座墓葬当中。放眼整个崧泽文化的遗址，龙首形玉饰总共出土了 9 件。其数量如此可观，在装饰之外，可能具有特别的权力与祭祀意义。

玉猪龙

Jade pig-shaped dragon

新石器时代（约 10000 年前 - 前 21 世纪）

Neolithic Period

(ca. 10,000 B.P. – 21st century B.C.E.)

通高 14 厘米，最宽 10.5 厘米，厚 3.5 厘米，大孔径 2.5 厘米，小孔径 1 厘米

辽宁省朝阳市牛河梁红山文化遗址出土

辽宁省文物考古研究所藏

龙首双耳竖起，两眼圆睁，背部对穿一个供系挂的小孔，应是代表等级和权力的祭祀礼器。这种蜷体玉猪龙是辽河流域红山文化的代表性玉器之一。有观点认为蜷体龙取材于蚕、蝉等从幼虫到成虫的变化过程，龙"能为大，能为小；能为幽，能为明；能为短，能为长"的神通就是从虫类演绎而来。

马蹄形玉箍

Hoof-shaped jade band

新石器时代（约 10000 年前 - 前 21 世纪）

Neolithic Period

(ca. 10,000 B.P. – 21st century B.C.E.)

高 16 厘米，口径 8.2 厘米，底径 6.7 厘米

辽宁省朝阳市牛河梁红山文化遗址出土

辽宁省文物考古研究所藏

制作此种器物采用管钻法，费时费工。其出土在墓主人的头部旁边，非平民所有，与祭祀联系更为密切，同时也代表了墓主人的身份与地位。

二

天地之道（夏商周）

天地之道，寒暑不时则疾，风雨不节则饥。
——战国《礼记·乐记·乐施》

国家政权的建立标志着文明时代的到来。文明的核心，是秩序。

原始社会全民性的巫术礼仪，在夏商周时期被权贵阶层垄断为统治法规——礼乐制度。

礼乐思想明确提出了“和”理论，寄托了先民对天、人、神一切秩序规律的渴求，构成了中华文明的基因。植根于礼乐文化的孔孟儒学，更塑造了中华民族的性格与心理。

这时期的中国艺术脱胎于原始社会的蒙昧感性，又寄托着礼乐思想的理性精神，被深深地打上了文明童年期的稚拙烙印。

Relational Ethics and Social Order

The appearance of political regime marks the dawn of a new era in civilization which was about the social order in general.

Witchcraft used to be a kind of public behavior among common people, but became a tool monopolized by the Upper Class in civilized society.

The system of rites and music is deeply rooted in the theory of Confucianism, an important factor, in shaping the national character as well as the national psychology of the entire Chinese people.

The representation of artworks at this time was transformed from the Prehistoric period and presented in their rational way but still remained at the childhood stage.

(一) 制礼作乐
Ritual and Music System

王者功成作乐，治定制礼。

——战国《礼记·乐记·乐礼》

礼乐制度萌发于夏商，成熟于西周，渐衰于东周。

礼乐制度源自原始巫术宗教礼仪，其本质是通过制度、道德规范等手段明确个体在社会秩序中的位置。物化表现则是以青铜、玉乃至原始瓷等贵重材质制作礼器，不同等级的权贵享有不同的礼器。青铜作为重要的战略资源，被广泛用于政治活动，这成为中国青铜时代——夏商周时期的主要特征。

礼器雄健庄重的线条、狰狞抽象的动物纹寄予了先民对原始力量的崇拜，也是权力神授的象征。东周时期随着旧权力体系的崩塌、人文理性意识的上升，神性与巫术渐不复见，生活化、写实主义成为艺术风尚的主旋律。

铜爵

Bronze *jue* wine vessel

商代晚期（前 13 世纪 - 前 11 世纪中期）

Late Shang Dynasty

(ca. 13th century B.C.E. – mid. 11th century B.C.E.)

高 16.7 厘米，长 18.7 厘米，宽 8.8 厘米

河南省安阳市殷墟大司空村出土

中国社会科学院考古研究所藏

铜爵是斟酒、滤酒器，出现于夏代晚期，是最早出现的青铜礼器之一，在商代成为铜酒器的核心器物之一。铜爵的口沿向两侧伸出，半筒是倒酒的“流”，尖首是配重的“尾”，双柱可能用来悬挂滤酒网。铜爵的造型飘逸奔放，是青铜礼器造型美的典范。此爵腹饰兽面纹，鋬饰小牛首，鋬下铸有铭文“马危”，为做器者人名。器体厚重，三足棱刃锋利，似未经使用即随葬。

铜觚（gū）
Bronze *gu* wine vessel

商代晚期（前 13 世纪 - 前 11 世纪中期）
Late Shang Dynasty
(ca. 13th century B.C.E. – mid. 11th century B.C.E.)
高 27 厘米，口径 16 厘米，足径 9 厘米
河南省安阳市殷墟大司空村出土
中国社会科学院考古研究所藏

铜觚是饮酒器，常与铜爵等量成对使用，构成了商代铜礼器组合的核心，商代贵族往往随葬多套铜觚爵。此觚纹饰从上至下分别装饰三角纹内填夔纹与两周兽面纹，主纹饰之间填充夔纹带，纹饰布局繁而不乱，极尽夸张狰狞，彰显着权力的威严。圈足内壁均铸有铭文“马危”，为做器者人名。

铜斝 (jiǎ)

Bronze *jia* wine vessel

商代晚期（前 13 世纪 - 前 11 世纪中期）

Late Shang Dynasty

(ca. 13th century B.C.E. – mid. 11th century B.C.E.)

高 36.7 厘米，口径 21.7 厘米，足径 20.4 厘米

河南省安阳市殷墟大司空村出土

中国社会科学院考古研究所藏

铜斝是盛酒器，常与觚、爵搭配使用。此斝下腹饰一周三组兽面纹，内腹底中部铸有铭文“马危”，为做器者人名。兽面纹也称为饕(tāo)餮(tiè)纹，是夏商周青铜礼器纹饰的核心母题。它复合了多种动物特征，并进行夸张和想象，突出兽面，尤其强调瞪视的双眼，极力烘托神秘与狰狞之感。

提梁铜壶

Bronze *hu* wine vessel with loop handle

商代晚期（前 13 世纪 - 前 11 世纪中期）

Late Shang Dynasty

(ca. 13th century B.C.E. – mid. 11th century B.C.E.)

通高 38.4 厘米，口径 10.1 厘米，腹径 22.2 厘米，底径 16.2 厘米

河南省安阳市殷墟大司空村出土

中国社会科学院考古研究所藏

铜壶是盛酒器，出现于商代中晚期。此壶器盖、颈部、圈足各装饰一周夔（kuí，龙纹的侧视）纹，颈部有对称的两个立体兽首和双耳，耳内套有提梁，下腹的双耳可穿绳配合提梁倒酒。器盖内壁铸有铭文“马危”，为做器者人名。这件铜壶的造型和绳索纹提梁均表现出早期铜礼器模仿陶器的风格。

铜尊

Bronze *zun* wine vessel

商代晚期（前 13 世纪 - 前 11 世纪中期）

Late Shang Dynasty

(ca. 13th century B.C.E. – mid. 11th century B.C.E.)

高 25.1 厘米，口径 20.5 厘米，底径 14.2 厘米

河南省安阳市殷墟大司空村出土

中国社会科学院考古研究所藏

尊是大型盛酒器。此尊中腹饰兽面纹，两侧以对称的夔纹补空，圈足饰四组夔纹。圈足内壁铸有铭文“马危”，为做器者人名。文献记载与考古发现都证明商人信鬼神、好饮酒，酒是与神沟通的重要工具，酒器因此成为商代最重要的铜礼器。

铜鸮卣（yǒu）

Owl-shaped bronze *you* wine vessel

商代晚期（前 13 世纪 - 前 11 世纪中期）

Late Shang Dynasty

(ca. 13th century B.C.E. – mid. 11th century B.C.E.)

通高 19.4 厘米，口径 12.3 厘米，腹径 15.9 厘米，底径 11.4 厘米

河南省荥阳市小胡村商墓出土

河南省文物考古研究院藏

卣是盛酒器。此卣由两个相背而立的鸮（xiāo，猫头鹰）结合而成，卣盖两侧各有一高浮雕鸮面，器身两侧各饰一对翅膀犹如鸮腹，四足为粗壮的鸟爪形。颈部有两个对称的兽首形贯耳可穿绳，底部内壁有族徽“舌”字。昼伏夜出的猫头鹰被世界诸多古文明视为沟通人间与冥世的使者而崇拜，在中国从史前至商代更是被视为祥瑞神鸟。这件鸮卣显示了商人高超的艺术构思与对自然界的敬畏。

铜斗

Bronze *dou* spoon

商代晚期（前 13 世纪 - 前 11 世纪中期）

Late Shang Dynasty

(ca. 13th century B.C.E. – mid. 11th century B.C.E.)

口径 4.5 厘米，柄残长 16.2 厘米

河南省安阳市殷墟大司空村出土

中国社会科学院考古研究所藏

斗是挹酒器，用来舀取酒浆。“北斗七星”名称就缘于七星形如酒斗。此斗柄如“S”形，既方便省力又极具线条美，体现了商人独到的艺术品味与对美的追求。

铜簪

Bronze hairpin

商代晚期（前 13 世纪 - 前 11 世纪中期）

Late Shang Dynasty

(ca. 13th century B.C.E. – mid. 11th century B.C.E.)

长 12 厘米

河南省荥阳市小胡村商墓出土

河南省文物考古研究院藏

铜鼎

Bronze *ding* cauldron

商代晚期（前 13 世纪 - 前 11 世纪中期）

Late Shang Dynasty

(ca.13th century B.C.E – mid. 11th century B.C.E)

高 23.6 厘米，口径 19.2 厘米

河南省荥阳市小胡村商墓出土

河南省文物考古研究院藏

铜圆鼎源自新石器时代的炊煮器陶鼎，出现于夏代晚期，是最早出现的铜礼器之一，也是中国青铜文明的核心礼器。但商代铜圆鼎等食器的重要性并不及觚爵等铜酒器。此鼎呈束颈罐形，上腹饰回首鸟纹，下腹饰虎纹，足端饰夔纹，整器庄严、纹饰井然，是商代晚期铜鼎的经典式样。三足都有明显的烟炱痕迹，为实用器。

亚长铜钺(yuè)
Bronze *yue* axe

商代晚期（前 13 世纪 - 前 11 世纪中期）
Late Shang Dynasty
(ca. 13th century B.C.E. – mid. 11th century B.C.E.)
高 40.5 厘米，刃残宽 29.8 厘米，柄长 15.3 厘米，宽 10.6 厘米，厚 1.5 厘米
河南省安阳市殷墟花园庄东地出土
中国社会科学院考古研究所藏

新石器时代从石斧衍生出的玉钺、石钺，由兵器和工具演变为权力的象征，其功能被夏商周时期的铜钺所继承。铜钺象征刑杀、征伐之权，尤其象征军权。铜钺大小不同，持有者的权力与地位也存在高下之别。此钺形体厚重，獠牙兽面纹狰狞毕露，展示了权力的威严。不对称的弧刃是有意为之，体现了对力学的把握。此钺的主人叫亚长，是一位掌握兵权的重臣。

铜铙（náo）（1组）

Bronze *nao* bells (a set)

商代晚期（前 13 世纪 - 前 11 世纪中期）

Late Shang Dynasty

(ca. 13th century B.C.E. – mid. 11th century B.C.E.)

高 20.3 厘米，口长轴 15.1 厘米，口短轴 10.8 厘米，甬长 7.4 厘米；

高 17.6 厘米，口长轴 12.8 厘米，口短轴 9 厘米，甬长 6.6 厘米；

高 14.8 厘米，口长轴 10.8 厘米，口短轴 8 厘米，甬长 5.8 厘米

河南省安阳市殷墟大司空村出土

中国社会科学院考古研究所藏

在史前时期，音乐就被视为是通神的语言和媒介，祭祀等重要的礼仪场合需奏乐，这一传统被商周礼仪制度继承。铜乐器出现于新石器时代末期，成组青铜乐器则出现在商代晚期。铜铙是打击乐器，演奏时插在木柄上、口部向上，演奏时敲击口沿外侧。殷墟发现的铜铙多为三件一组，偶有四件一组，形制、纹饰和铭文都基本相同，大小递减，可以演奏出不同音阶。

玉龙

Jade ornament shaped in a dragon form

商代晚期（前 13 世纪 - 前 11 世纪中期）

Late Shang Dynasty

(ca. 13th century B.C.E. – mid. 11th century B.C.E.)

直径 4.47 厘米，厚 1 厘米

河南省安阳市殷墟花园庄东地出土

中国社会科学院考古研究所藏

这件玉龙是商代蜷体玉龙的典型样式，眼眶内凹，吻部前凸，身体卷曲成环形，尾巴勾起。商代蜷体玉龙受到了新石器时代辽河流域红山文化玉猪龙的强烈影响，体现了艺术审美风尚的继承和延续。

玉龙

Jade ornament shaped in a dragon form

商代晚期（前 13 世纪 - 前 11 世纪中期）

Late Shang Dynasty

(ca. 13th century B.C.E. – mid. 11th century B.C.E.)

高 3.7 厘米，长 5.1 厘米，厚 0.3 厘米

河南省安阳市殷墟大司空村出土

中国社会科学院考古研究所藏

这件玉龙代表了商代另一类玉龙，龙体躬身展开，嘴露尖牙，头有菌状角，双爪前曲，口、尾各有一穿孔用于佩戴。较为特别的是，龙爪踏有一环，推测玉龙可能是用破损的玉璧一类环状玉器改制而成。商代利用残损玉器进行改制的现象很多见，说明玉受到了高度珍视。

玉蝉
Jade ornament in a cicada-shaped form

（前 21 世纪 - 前 15 世纪）
(21st century B.C.E. – 15th century B.C.E.)
长 6.2 厘米，宽 2.1 厘米，厚 2.1 厘米
内蒙古自治区赤峰市二道井子遗址出土
内蒙古自治区文物考古研究所藏

夏商时期，中原文化周边民族的文明程度也日臻发达，文明之间的碰撞交流推动着文化发展。夏商时期辽河流域的居民是草原部族先民，其文化在一定程度上继承了新石器时代晚期辽河流域的红山文化。这件玉蝉便具有红山文化特点。

玉蝶
Jade ornament in a butterfly-shaped form

（前 21 世纪 - 前 15 世纪）
(21st century B.C.E. – 15th century B.C.E.)
长 2.5 厘米，宽 2.1 厘米，厚 0.9 厘米
内蒙古自治区赤峰市二道井子遗址出土
内蒙古自治区文物考古研究所藏

“化蝶”传说在中国古代由来已久，体现了对重生、不朽的渴望，蝶形玉器也蕴含着同样的信仰观念。

原始瓷尊
Prototype ceramic *zun* vessel

商代（前 16 世纪 - 前 11 世纪中期）
Shang Dynasty
(ca. 16th century B.C.E. – mid. 11th century B.C.E.)
高 9.5 厘米，口径 19 厘米
河南省新郑市望京楼夏商城址出土
郑州市文物考古研究院藏

中国已知最早的瓷器发现于商代，因工艺技术还较为原始，故称为原始瓷，但已具备高岭土制胎、表面施釉、烧制温度超过 1200 度等瓷器的基本特点，开启了中国“瓷器之国”的历史。商代原始瓷器以模仿尊等陶器器形为主，尚未形成自身特色，但性能和美观使其甫一问世就成为礼器新贵。

铜柄玉矛
Jade spear head with bronze shaft

商代晚期（前 13 世纪 - 前 11 世纪中期）
Late Shang Dynasty
(ca. 13th century B.C.E. – mid. 11th century B.C.E.)
高 22.1 厘米，宽 6.1 厘米
河南省安阳市殷墟花园庄东地出土
中国社会科学院考古研究所藏

新石器时代业已形成的尚玉传统在商周时期发展到新的高峰，玉器成为别贵贱、辨尊卑的礼器。殷墟发现不少铜、玉复合器物，玉的使用使复合器物身份陡增，例如铜玉复合兵器就是高级贵族的礼仪兵器。铜、玉两部分通过镶嵌和铆钉扣合，表现出高超的工艺水平。

铜戈

Bronze *ge* dagger

商代晚期（前 13 世纪 - 前 11 世纪中期）

Late Shang Dynasty

(ca. 13th century B.C.E. – mid. 11th century B.C.E.)

长 28 厘米，宽 8 厘米，厚 1 厘米

河南省荥阳市小胡村商墓出土

河南省文物考古研究院藏

毡帽

Felt cap with feathers

距今约 3800 年

Ca. 3800 B.P.

高 30 厘米，宽 22 厘米

新疆维吾尔自治区罗布泊若羌县小河墓地出土

新疆维吾尔自治区文物考古研究所藏

早在夏代，新疆地区的绿洲已存在发达的畜牧文化，羊毛纺织工艺颇具特色。这顶毡帽用灰白色羊毛毡制成，毡质松软。帽子一侧插着两根羽毛，缀着伶鼬毛皮。伶鼬又叫银鼠、白鼠，毛皮珍贵，被誉为“东方水貂”。商周时期新疆地区无论男女都喜欢戴插有羽毛的帽子。

木雕人面像

Wood carved human face

距今约 3800 年

Ca. 3800 B.P.

高 10 厘米，宽 6.5 厘米，厚 7.5 厘米

新疆维吾尔自治区罗布泊若羌县小河墓地出土

新疆维吾尔自治区文物考古研究所藏

这种造型夸张的人面像仅出土于小河墓地的个别墓葬，推测是某种特殊身份的人使用的与宗教信仰有关的物品。人面像顶部有一钻孔，应为挂系线绳使用。人面像高大的鼻子表现了墓地埋葬人群的人种特征。小河墓地人群对“七”似乎情有独钟：墓地竖立的木柱底部描画着七圈横纹，墓地附近的“太阳墓”有七圈木桩，这种人面像鼻梁上贴着七道细毛绳，这都代表着特有的文化意识。

噩仲铜方鼎

Square bronze *ding* cauldron

西周早期（前 11 世纪中期 - 前 10 世纪中期）

Early Western Zhou Dynasty

(mid. 11th century B.C.E. – mid. 10th century B.C.E.)

高 38 厘米，宽 36 厘米，厚 20 厘米

湖北省随州市羊子山出土

随州市博物馆藏

方鼎有四个平面和四足，视觉效果相比圆鼎更为宽松自由、端庄稳重。但因方形铜器的铸造工艺难度大，方鼎的数量远比圆鼎少，主要流行于商代晚期到西周早期，一般发现于高级贵族大墓。此鼎出土于噩侯大墓，从鼎盖到器身遍饰狰狞的兽面纹和夔纹，与鼎盖高高凸起的龙纹、腹足的扉棱组合在一起显得错落有致、挥洒张扬，蕴含着对原始力量的崇拜。器盖内与器内壁各有铭文“噩仲作宝尊彝”，意思为噩仲制作了这件宝贵的铜礼器。

曾侯铜方鼎

Square bronze *ding* cauldron

西周早期（前 11 世纪中期 - 前 10 世纪中期）

Early Western Zhou Dynasty

(mid. 11th century B.C.E. – mid. 10th century B.C.E.)

通高 49 厘米，宽 44 厘米，厚 30 厘米，盖长 36 厘米，宽 27 厘米，高 11 厘米

湖北省随州市叶家山曾侯墓地出土

湖北省文物考古研究所、随州市博物馆藏

此鼎是目前所知最大的西周方鼎。鼎腹近口部饰兽面纹，腹部主体纹饰为简化的蕉叶形对龙纹，这种纹样组合常见于等级较高的铜鼎。此鼎纹饰最为称奇之处在于鼎盖装饰的立体夔龙纹和柱足兽面扬起的角，精湛的高浮雕纹饰表现了西周早期铸造技术的进步，使西周青铜艺术迈上了新台阶。鼎盖和鼎腹内壁有相同铭文“曾侯作父乙宝尊彝”，说明该鼎是某位曾侯用来祭祀其父乙的礼器。商周铜鼎大都无盖，推测原是以木制盖。有铜盖的鼎一般都出土于高等级大墓，可见是高级贵族专享。

伯匊(chǐ)铜簋(guǐ)

Bronze *gui* food container

西周（前 11 世纪中期 - 前 771 年）

Western Zhou Dynasty

(mid. 11th century B.C.E. – 771 B.C.E.)

通高 19 厘米，口径 22 厘米，连耳通宽 24 厘米

山西省绛县横北西周墓地出土

山西省考古研究所藏

簋是盛装谷物食品的礼器，与炊煮肉食的鼎配合使用，鼎与簋构成了西周礼器制度的核心。此簋直腹、圈足下带柱足、盖面装饰变形夔龙纹（窃曲纹），造型和纹饰特点均为西周中晚期出现的新特征，体现了西周青铜艺术在继承商代的基础上形成了自身特色。簋盖与腹内底有相同铭文“伯匊肇作宝用庙夜庚于宗”，大意是倗国诸侯匊铸造这件铜簋用于宗庙祭祀。

铜鬲（lì）

Bronze *li* tripod

西周（前 11 世纪中期 - 前 771 年）

Western Zhou Dynasty

(mid. 11th century B.C.E. – 771 B.C.E.)

高 16 厘米，口径 18.7 厘米，连耳宽 23 厘米

山西省绛县横北西周墓地出土

山西省考古研究所藏

陶鬲在新石器时代作为炊煮器已广泛使用，特点是三足呈口袋状，体现了仿生学的设计特点，既能增加容积又扩大了受热面积。西周时期铜鬲的功能、角色都与铜圆鼎类似，在礼器组合中有时可代替铜圆鼎。

噩侯铜方罍

Bronze *lei* wine vessel

西周早期（前 11 世纪中期 - 前 10 世纪中期）

Early Western Zhou Dynasty

(mid. 11th century B.C.E. – mid. 10th century B.C.E.)

高 62 厘米，宽 32 厘米，厚 31 厘米

湖北省随州市羊子山出土

随州市博物馆藏

铜罍是大型盛酒器，存世数量少，方罍更属珍稀礼器。此罍盖呈庑殿形，捉手为双鸟首。口沿饰夔纹，肩部饰夔龙纹、涡纹并按铸一立体吐舌兽首，侧面按铸兽首衔环耳，扉棱做凤鸟形。盖面、腹部的主体纹饰为兽面纹（或称神面纹），细致的眉毛、高浮雕耳廓均较罕见。圈足饰一首双身龙纹，系表现龙的正面和两个侧面。此罍一方面用细致的兽面纹辅以夸张的扉棱和辅助纹饰尽显张扬，另一方面兽面纹省略了两侧身躯，整器没有地纹，将宗周铜礼器的简约风和南土浪漫气质融为一体，堪称佳作。圈足下拴有一铃，体现了礼与音相和的思想。盖内有七字铭文“噩侯作厥宝尊彝”。

鱼伯彭铜卣

Bronze *you* jar with loop handle

西周早期（前 11 世纪中期 - 前 10 世纪中期）

Early Western Zhou Dynasty

(mid. 11th century B.C.E. – mid. 10th century B.C.E.)

高 35 厘米，宽 30 厘米，厚 20 厘米

湖北省随州市叶家山曾侯墓地出土

湖北省文物考古研究所、随州市博物馆藏

叶家山出土的这两件铜尊和铜卣纹饰一致，随葬于一位曾侯夫人墓，铭文均为“鱼伯彭作宝尊彝”，推测两器是鱼国诸侯家族女性嫁给曾侯的陪嫁媵 (yìng) 器的一部分。

提梁铜卣

Bronze *you* jar with loop handle

西周早期（前 11 世纪中期 - 前 10 世纪中期）

Early Western Zhou Dynasty

(mid. 11th century B.C.E. – mid. 10th century B.C.E.)

高 50 厘米，宽 36 厘米，厚 28 厘米

湖北省随州市羊子山出土

随州市博物馆藏

此卣与噩侯铜方罍纹饰相似，出土于同一座墓葬，两器应属噩侯同时铸造的一套铜礼器。噩国为姞（jí）姓诸侯国，在西周早期是南疆大国，在西周晚期因反叛被周厉王所灭。

鱼伯彭铜尊

Round bronze *zun* wine vessel

西周早期（前 11 世纪中期 - 前 10 世纪中期）

Early Western Zhou Dynasty

(mid. 11th century B.C.E. – mid. 10th century B.C.E.)

高 28 厘米，口径 21.5 厘米，底径 14.5 厘米

湖北省随州市叶家山曾侯墓地出土

湖北省文物考古研究所、随州市博物馆藏

兔形铜尊

Rabbit-shaped bronze *zun* wine vessel

西周晚期（前 9 世纪中期 - 前 771 年）

Late Western Zhou Dynasty
(mid. 9th century B.C.E. – 771 B.C.E.)

高 22 厘米，长 31.5 厘米，口径 17.5 厘米

山西省曲沃县北赵村晋侯墓地出土

山西博物院藏

尊为盛酒器。此尊做卧兔状，中空腹与背上喇叭形口相通，可盛、倒酒。四足下有长方形圈足，腹侧各有同心圆涡纹。该墓还出土两件大小相次的兔形铜尊，背部为方形小铜盖。三件兔尊均高度写实、憨态可掬，是商周写实主义造型艺术的经典之作。在礼制所追求的抽象神秘艺术原则之下，商周时期写实艺术始终有一席之地，并在东周开始发展壮大。此尊出土于一位晋侯墓中，北赵晋侯墓地迄今已发现西周至春秋时期的九代晋侯及夫人墓。

铜觥（gōng）

Bronze *gong* wine vessel

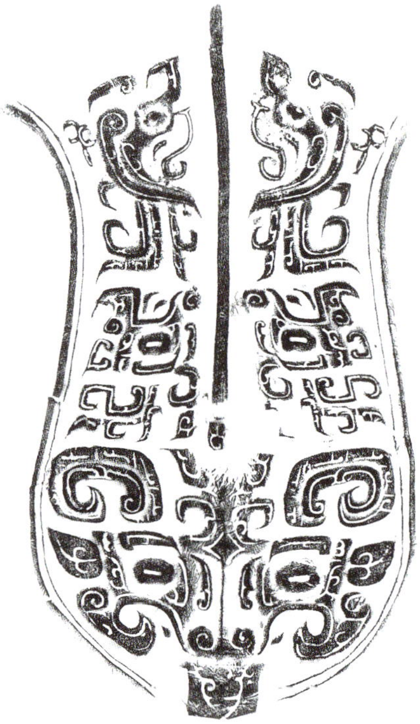

西周早期（前 11 世纪中期 - 前 10 世纪中期）

Early Western Zhou Dynasty

(mid. 11th century B.C.E. – mid. 10th century B.C.E.)

高 27 厘米，宽 27 厘米，厚 13 厘米

湖北省随州市叶家山曾侯墓地出土

湖北省文物考古研究所、随州市博物馆藏

铜觥是盛酒器，多为立体动物造型，大都出土于高级贵族墓葬，发现数量不多，体现出崇高的地位。此觥器盖前段为立体圆雕兽首，器身和觥盖饰兽面和凤鸟纹，主体纹饰之间没有补白的云雷纹，但仍不失神秘与威严之感，体现了周代审美观渐趋简洁，与商人喜好“三层花”繁缛纹饰的意趣已大不同。

铜方彝

Bronze *fangyi* wine vessel

西周晚期（前 9 世纪中期 - 前 771 年）

Late Western Zhou Dynasty

(mid. 9th century B.C.E. – 771 B.C.E.)

通高 46.5 厘米，通宽 32 厘米，厚 23 厘米；

耳高 6.1 厘米，圈足长 21.7 厘米

山东省沂源县姑子坪周代墓葬出土

沂源县文物管理所藏

彝在商周时期是青铜礼器的统称，也特指一种酒器，外形大都为方形。铜彝主要流行于商代晚期，造型多为倒梯形。西周铜彝腹部线条变成弧形，视觉效果变得圆润缓和。这件铜方彝工艺较粗糙，但纹饰颇为独特，盖、腹满饰垂鳞纹，是中原文化与东夷文化融合的产物。

铜盉 (hé)

Bronze *he* wine vessel

西周（前 11 世纪中期 - 前 771 年）

Western Zhou Dynasty
(mid. 11th century B.C.E. – 771 B.C.E.)

高 21 厘米，宽 25 厘米，厚 17 厘米

山西省绛县横北西周墓地出土

山西省考古研究所藏

盉是盛酒、盛水器。做水器时常与盘配合使用，以盉浇水、以盘盛接弃水，称为“沃盥（guàn）之礼”，体现了古人的卫生意识。此盉下腹部如同鬲一样呈口袋状，四足细长，仅在器盖和颈部装饰夔纹、流部装饰三角云雷纹，整器显得素雅清秀，展现了周代新颖的审美潮流。盖内铭文为“荣□作宝盉子子孙孙其万年永宝用”。

曾侯谏铜盉 (hé)

Bronze *he* wine vessel

西周早期（前 11 世纪中期 - 前 10 世纪中期）

Early Western Zhou Dynasty

(mid. 11th century B.C.E. – mid. 10th century B.C.E.)

高 31 厘米，宽 30 厘米，厚 23 厘米

湖北省随州市叶家山曾侯墓地出土

湖北省文物考古研究所、随州市博物馆藏

此盉的造型和纹饰均体现了浓厚的商代遗风，器形庄重雄伟、“三层花”纹饰繁缛神秘，同时流部的爬龙、盖上的兔形钮、颈部的卧牛纹又体现出罕见的地域文化特点和高超的铸造工艺。盖内及牛首形鋬下有对铭“曾侯谏作宝彝”，表明此器为曾侯谏所有。

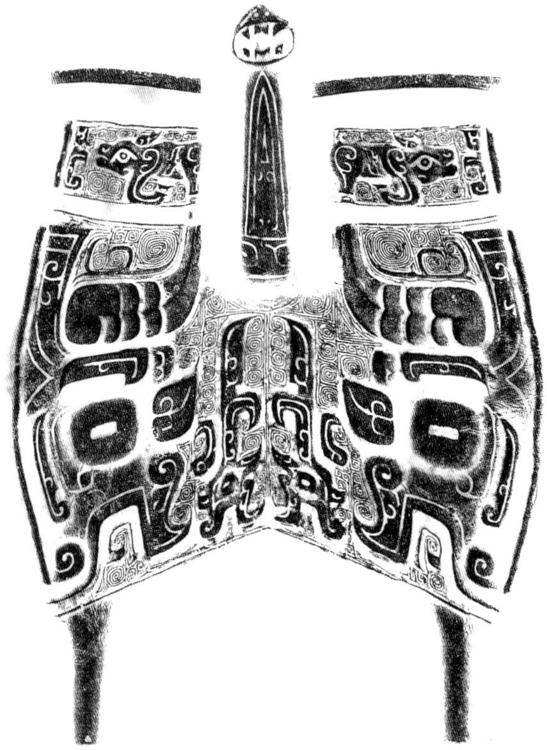

铜壶
Bronze *hu* wine vessel

西周（前 11 世纪中期 - 前 771 年）
Western Zhou Dynasty
(mid. 11th century B.C.E. – 771 B.C.E.)
高 47 厘米，腹径 15 厘米，底径 11.5 厘米
山西省绛县横北西周墓地出土
山西省考古研究所藏

叔五父铜匜（yí）

Bronze *yi* ewer

西周晚期（前 9 世纪中期 - 前 771 年）

Late Western Zhou Dynasty
(mid. 9th century B.C.E. – 771 B.C.E.)

通高 18.1 厘米，通长 36.6 厘米
陕西省眉县马家镇杨家村青铜器窖藏出土
宝鸡青铜器博物馆藏

匜是一种水器，造型模仿水瓢。在西周中晚期，铜盉做水器的功能被铜匜代替，盘匜成为固定的水器组合。此匜内底铭文曰："叔五父作旅匜，其万年子孙永宝用。"意思是叔五父铸此匜用于出行，希望子孙后代永远珍用。"五父"是做器者的字，"叔"是他在兄弟中排行第三。

铜编钟（1 组）

Bronze chime bells (a set)

西周早期（前 11 世纪中期 - 前 10 世纪中期）

Early Western Zhou Dynasty

(mid. 11th century B.C.E. – mid. 10th century B.C.E.)

镈钟高 44 厘米，宽 25.2 厘米，厚 17.5 厘米

湖北省随州市叶家山曾侯墓地出土

湖北省文物考古研究所、随州市博物馆藏

编钟在商周时期是高级贵族的专享礼器。中国古代铜钟为扁体双音钟，敲击钟口正面和侧面能发出两个音阶，寥寥几件编钟就能演奏完整旋律，代表了商周时期艺术与技术相结合的最高水平。这套编钟出土于一座曾侯墓，由四件甬钟和一件镈钟组成，是目前所见西周早期单座墓葬出土铜钟数量最多者，刷新了学界对西周早期音律发展水平等方面的认识。甬钟和镈钟的形态区别在于前者口部弯弧，后者口部平直。共鸣腔的差异造成甬钟乐声清脆短促，适宜演奏连贯旋律；镈钟乐声低沉悠长，用于乐曲开头或结尾处“一槌定音”。

倗伯铜盘

Bronze *pan* water container

西周（前 11 世纪中期 - 前 771 年）

Western Zhou Dynasty

(mid. 11th century B.C.E. – 771 B.C.E.)

通高 9 厘米，通宽 40 厘米

山西省绛县横北西周墓地出土

山西省考古研究所藏

铜盘为水器，常与盉、匜组合使用。此盘铭文为“倗伯做毕姬宝旅盘”，意为倗国诸侯为妻子毕姬做盘用于出行。倗国为文献阙载的西周封国。

三璜联珠玉组佩

Jade pendant

西周（前 11 世纪中期 - 前 771 年）

Western Zhou Dynasty
(mid. 11th century B.C.E. – 771 B.C.E.)

通长 45 厘米

山西省绛县横北西周墓地出土

山西省考古研究所藏

西周逐步完善了礼制体系，以多种礼器制度区分等级身份。玉组佩在西周早期方始出现，标志着佩玉制度的形成与“玉德”理论的萌发。西周贵族男女均可佩戴以玉璜为核心佩饰的多璜玉组佩，体现了“君子比德于玉”的上层道德观。

四璜联珠组玉佩

Jade pendant

西周（前 11 世纪中期 - 前 771 年）

Western Zhou Dynasty

(mid. 11th century B.C.E. – 771 B.C.E.)

长 55 厘米

河南省平顶山市应国墓地出土

河南博物院藏

多璜组佩以青玉和青白玉璜为核心佩饰，三璜到七璜不等，部分璜以柄形器或者矩形玉片替代。璜上多以一面坡工艺雕刻龙、凤鸟以及神人纹，其间串联玛瑙珠和绿松石珠。璜大小依次排列，与玛瑙和绿松石形成主次分明、色彩醒目的视觉搭配，以斑斓张扬的暖色调烘托淡雅凝重的冷色调，从侧面展现了西周时期的审美倾向。

四璜联珠玉组佩

Jade pendant

西周早中期（前 11 世纪中期 - 前 9 世纪中期）

Early Western Zhou Dynasty

(mid. 11th century B.C.E. – mid. 9th century B.C.E.)

长 50 厘米

山西省北赵晋侯墓地出土

山西省考古研究所藏

玉项饰

Jade necklace

西周晚期（前 9 世纪中期 - 前 771 年）

Late Western Zhou Dynasty

(mid. 9th century B.C.E. – 771 B.C.E.)

长径 30 厘米，短径 20 厘米

陕西省韩城梁带村芮国墓地出土

陕西省考古研究院藏

西周早期的贵族佩玉以玉礼器为主，到了西周晚期至春秋早期则以装饰性佩玉为主，体现出用玉观念从以玉事神、寓礼于器向以玉事人、象征品德的转变。这件项饰以雕刻一身双首龙纹的矩形玉饰为主体，中间以玛瑙珠串联，红白色彩交相辉映，相比以淡雅冷色为主题的多璜玉组佩体现了新的审美意趣。

玉鸟

Jade ornament shaped in a bird form

西周（前 11 世纪中期 - 前 771 年）
Western Zhou Dynasty
(mid. 11th century B.C.E. – 771 B.C.E.)
高 1 厘米，长 3 厘米
陕西省岐山县周公庙墓地出土
陕西省考古研究院藏

鸟作为玉雕题材始于新石器时代，不仅仅是出于装饰审美的诉求，更可能是崇拜和信仰的体现。夏、商早中期鸟题材玉器很少，商代晚期玉鸟开始涌现，形态多样，还出现了鸟兽合体与鸟人合体玉雕，充满了神秘色彩。西周也出土了数量可观的玉雕鸟。西周玉鸟多为扁平片雕，成对出现，外形整体呈三角形，纹饰多采用西周流行的一面坡工艺，趋于程序化和图案化，显示出简洁大方的艺术情趣。

神人凤纹玉柄形器

Jade tablet with supernatural being and phoenix pattern

西周晚期（前 9 世纪中期 - 前 771 年）
Late Western Zhou Dynasty
(mid. 9th century B.C.E. – 771 B.C.E.)
高 18 厘米，宽 2.3 厘米，厚 0.8 厘米
陕西省韩城梁带村芮国墓地出土
陕西省考古研究院藏

原器为一大型柄形器，沿中轴等分为两半，两部分纹饰对称，另一半已不知所踪。原器上端刻两只对立长尾凤鸟，主体是一屈身下蹲的神人，前肢后摆，可见长爪；下肢蹲立，足像鸟爪；尾在两腿间弯延向上。在神人胸前有一吐着长舌的龙首。侧立屈身的神人形象出现在商晚期，但人龙合体的形象大量出现是在西周中期。

玉圭

Jade *gui* tablet

西周（前 11 世纪中期 - 前 771 年）

Western Zhou Dynasty
(mid. 11th century B.C.E. – 771 B.C.E.)

高 20 厘米，宽 2.7 厘米，厚 0.25 厘米
山西省黎城县黎国墓地出土
山西省考古研究所藏

玉圭是祭祀“六玉”之一，用于祭祀东方之神。其长条铲形造型来源于新石器时代的石铲、石斧、石锛等生产工具。这些工具在早期农耕文明中的地位举足轻重，所以一些制作考究、纹饰精美的器物经常用于祭祀礼仪活动，逐渐演变为礼器。玉圭最初多为平顶，后来发展为尖顶。

原始瓷豆

Prototype ceramic *dou* food container

西周（前 11 世纪中期 - 前 771 年）

Western Zhou Dynasty
(mid. 11th century B.C.E. – 771 B.C.E.)

高 7 厘米，口径 15 厘米

陕西省岐山县周公庙遗址出土

陕西省考古研究院藏

原始瓷豆

Prototype ceramic *dou* food container

西周（前 11 世纪中期 - 前 771 年）

Western Zhou Dynasty
(mid. 11th century B.C.E. – 771 B.C.E.)

高 6.6 厘米，口径 12.4 厘米

山西省北赵晋侯墓地出土

山西省考古研究所藏

陶罐

Pottery jar

西周（前 11 世纪中期 - 前 771 年）

Western Zhou Dynasty

(mid. 11th century B.C.E. – 771 B.C.E.)

高 18 厘米，口径 12.5 厘米，腹径 23 厘米，底径 15.5 厘米

广东省博罗县横岭山出土

广东省文物考古研究所藏

兽面纹玉钺 (yuè)

Jade *yue* axe with an animal faced pattern

商代晚期至西周时期（前 13 世纪 - 前 771 年）

Late Shang Dynasty to Western Zhou Dynasty (ca. 13th century B.C.E. – 771 B.C.E.)

长 22.4 厘米，宽 11.4 厘米，厚 0.21–1.71 厘米

四川省成都市金沙遗址出土

金沙遗址博物馆藏

金沙遗址是继三星堆之后古蜀国的另一中心都邑，出土了数量可观、制作精良的玉质礼兵器，体现出军权与战争对于古蜀国的重要性。这种玉钺为金沙遗址所特有，顶部略呈三角形，刻有兽面纹，两侧分别刻一组简化龙纹。纹样边缘还有大量划痕，表明这些纹饰是用刃部尖锐锋利的工具雕刻而成。

石虎

Stone sculpture carved in a tiger-shaped form

商代晚期至西周时期（前 13 世纪 - 前 771 年）

Late Shang Dynasty to Western Zhou Dynasty
(ca. 13th century B.C.E. – 771 B.C.E.)

高 19.8 厘米，长 28.4 厘米，宽 8.9 厘米

四川省成都市金沙遗址出土

金沙遗址博物馆藏

铜眼

Bronze ware in an eye-shaped form

商代晚期至西周时期（前 13 世纪 - 前 771 年）

Late Shang Dynasty to Western Zhou Dynasty
(ca. 13th century B.C.E. – 771 B.C.E.)

高 6 厘米，长 25 厘米

四川省成都市金沙遗址出土

金沙遗址博物馆藏

眼睛是获取外界信息的重要器官，也是心灵的窗口，因而被古人类认为具有超自然力量，成为崇拜的对象。古蜀文化对眼睛的崇拜格外突出，在三星堆遗址出土了大量强调眼睛的青铜器。金沙遗址出土的眼睛形铜器和三星堆文化已有所不同，铜眼一般为扁平片状，通过镂空和墨绘的方式表现虹膜与瞳孔。这些眼睛形器还不清楚是独立使用还是镶嵌在其他器物上，其用途应是巫师做法的法器工具。

无头铜人像

Bronze ware in a human being shaped form

商代晚期至西周时期（前 13 世纪 - 前 771 年）

Late Shang Dynasty to Western Zhou Dynasty

(ca. 13th century B.C.E. – 771 B.C.E.)

高 10.4 厘米，宽 4.6 厘米，厚 1.4 厘米

四川省成都市金沙遗址出土

金沙遗址博物馆藏

古蜀文化宗教信仰的一大特点是人的地位尤为重要，大量礼器以人为题材，但做了艺术化处理，充满了非凡的想象力与浪漫神秘的气息。这件无头铜人像的双臂下垂，显得疲软无力，整体工艺比较粗糙，似乎是象征斩首飨神的人牲。

龙首形铜饰

Bronze ware in a dragon-head-shaped form

商代晚期至西周时期（前 13 世纪 - 前 771 年）

Late Shang Dynasty to Western Zhou Dynasty

(ca. 13th century B.C.E. – 771 B.C.E.)

长 8 厘米，宽 6 厘米，厚 1 厘米

四川省成都市金沙遗址出土

金沙遗址博物馆藏

铜鸟

Bronze ware in a bird-shaped form

商代晚期至西周时期（前 13 世纪 - 前 771 年）

Late Shang Dynasty to Western Zhou Dynasty

(ca. 13th century B.C.E. – 771 B.C.E.)

高 6 厘米，宽 6 厘米，厚 1.5 厘米

四川省成都市金沙遗址出土

金沙遗址博物馆藏

史前人类认为鸟是沟通人间与天神的使者，从而在世界范围内形成了鸟崇拜。传说古蜀国的祖先都是以鸟命名，鸟崇拜在古蜀国的信仰中占据了重要的地位。这件昂首铜鸟显得机警灵巧，在鸟爪下有一榫，说明应当是插嵌在其它祭祀礼器上的装饰性组件。

金面具

Gold mask

商代晚期至西周时期（前 13 世纪 - 前 771 年）

Late Shang Dynasty to Western Zhou Dynasty

(ca. 13th century B.C.E. – 771 B.C.E.)

高 3.6 厘米，宽 4.9 厘米

四川省成都市金沙遗址出土

金沙遗址博物馆藏

古蜀文化对金器的喜爱早在三星堆文化已流行。金沙遗址也出土了大量的金箔，含金量都很高，厚薄均匀，说明黄金提纯与加工工艺相当成熟。黄金在古蜀文化有着非同一般的意义，往往制成宗教礼仪用器。这种面具形金箔应是代表神灵的形象。

环带纹铜鼎

Bronze *ding* cauldron with belf-shaped pattern

春秋（前 770 年 - 前 476 年）

Spring and Autumn Period
(770 B.C.E. – 476 B.C.E.)

高 23 厘米

甘肃省礼县大堡子山遗址出土

甘肃省博物馆藏

东周时期，随着王权的衰落、各地诸侯的崛起，中国文化与艺术进入了地域文化异彩纷呈的时期，统一性与多元性并存。在礼制领域，诸侯及以下贵族纷纷“僭越”享用更高一级的礼仪规格，此即所谓“礼崩乐坏”。同时随着铜矿的开采和工艺技术的进步，东周铜礼器产量大增，贵族的日常生活也普遍使用铜礼器，推动着铜礼器的造型、装饰都向生活化和装饰性发展，神性内涵与日俱降。

鳞纹铜鼎

Bronze *ding* cauldron with scale-shaped pattern

春秋（前 770 年 - 前 476 年）

Spring and Autumn Period

(770 B.C.E. – 476 B.C.E.)

高 16 厘米，口径 16.5 厘米

山西省曲沃县羊舌晋侯墓地出土

山西省考古研究所藏

随着铜礼器在贵族日常生活中日渐普及，富有装饰性的几何纹饰在东周时期日盛，部分几何纹饰就是从商、西周时期狰狞神秘的动物纹变形、简化而来。此鼎出土于晋侯墓地的一座高级贵族墓，口沿内壁有铭文“子硕父作申姜尊鼎，其万年子子孙孙永宝用”，表明此鼎为子硕父为妻子申姜所制，子硕父可能是晋侯之子。

铜簋 (guǐ)

Bronze *gui* food container

战国（前 475 年 - 前 221 年）

Warring States Period

(475 B.C.E. – 221 B.C.E.)

通高 29 厘米，通宽 33 厘米，口径 32 厘米，座高 12.6 厘米，座长 23 厘米

湖北省襄阳市九连墩古墓群出土

湖北省博物馆藏

楚文化在春秋时期形成，楚系青铜器在继承中原文化礼器制度的基础上，在工艺、造型和装饰等方面形成了鲜明的自身特色。方座簋出现于西周早期，楚式镂空方座通过繁复的接铸法将细小的部件组成一个整体，使得厚重的青铜器呈现出轻盈剔透的视觉效果。这件方座簋出土时配有匕（勺）。该器物的铭文为："慎克自作荐簋"。

铜敦 (duì)

Bronze *dui* food container

战国（前 475 年 - 前 221 年）

Warring States Period
(475 B.C.E. – 221 B.C.E.)

通高 26 厘米，通宽 30 厘米，直径 21 厘米

湖北省襄阳市九连墩古墓群出土

湖北省博物馆藏

敦是春秋时期出现的新型铜礼器，用于盛放谷物食品。其造型特点是呈球形，上下两部分翻开可做两个碗，是东周铜礼器日趋生活化的写照。此敦纹饰以翻模法铸造，以程式化的精细繁缛图案单元不断重复，体现了东周礼器纹饰突出装饰性而非礼仪内涵，具有浓郁的楚文化特色。图案内镶嵌的材质已脱落不存。

铜盖豆

Bronze *dou* food container

战国（前 475 年 - 前 221 年）

Warring States Period
(475 B.C.E. – 221B.C.E.)

通高 32 厘米，通宽 27 厘米，底径 14 厘米

湖北省襄阳市九连墩古墓群出土

湖北省博物馆藏

豆用于盛放肉酱等菜肴或调味品，陶豆早在新石器时代已出现，豆的字形就源自其以柄承盘的造型特征。长柄有盖铜豆出现于春秋时期，器盖可仰置如碗，主要发现于高等级贵族墓葬，是等级身份的象征。此豆通体镶嵌红铜云纹，圈足绘制鸟兽纹，极为华丽。

铜马

Bronze ware in a horse-shaped form

战国（前 475 年 - 前 221 年）

Warring States Period
(475 B.C.E. – 221 B.C.E.)

通高 24.5 厘米，身长 34 厘米，厚 11 厘米

湖北省襄阳市九连墩古墓群出土

湖北省博物馆藏

马在古代号称“六畜之首”，是军事、交通的主要动力。战国时期铜马较罕见，此马可能是贵族生活中的陈设饰品，形体短粗硕壮，身披髹漆甲胄，体现了楚地战马的特点，也反映了东周时期写实主义的风潮。

铜人擎灯
Bronze lamp in human-shaped form

战国（前 475 年 - 前 221 年）
Warring States Period
(475 B.C.E. – 221 B.C.E.)
通高 24.7 厘米，盘口径 11 厘米，人高 12.3 厘米
湖北省襄阳市九连墩古墓群出土
湖北省博物馆藏

东周时期随着铜器的日益生活化，铜镜、带钩、铜灯、铜席镇等设计精巧的日常生活铜器大量出现，反映了贵族与富裕阶层对精致生活的追求。这种铜人擎灯在战国时期较为多见，形态各异，真实反映了当时人们的服饰装束。这件铜人左手托飞鸟，右手擎灯，头挽右髻，深衣博带，发、须、眉刻画入微。灯座以三只铜凤鸟为足，表面饰龙纹。

彩绘陶簋

Color painted pottery *gui* food container

春秋（前 770 年 - 前 476 年）

Spring and Autumn Period
(770 B.C.E. – 476 B.C.E.)

通高 33 厘米，口径 12.8 厘米，最高处 39 厘米；
座高 10 厘米，座边长 18 厘米
山东省新泰市东周墓葬出土
新泰市博物馆藏

原始瓷曲壁豆

Prototype ceramic *dou* food container

商周（前 13 世纪 - 前 221 年）

Late Shang Dynasty to Zhou Dynasty

(13th century B.C.E. – 221 B.C.E.)

高 9.5 厘米，口径 13.5 厘米，底径 7.5 厘米

广东省博罗县横岭山出土

广东省文物考古研究所藏

原始瓷曲壁豆

Prototype ceramic *dou* food container

商周（前 13 世纪 - 前 221 年）

Late Shang Dynasty to Zhou Dynasty

(13th century B.C.E. – 221 B.C.E.)

高 8 厘米，口径 11.7 厘米，底径 5.8 厘米，连耳通宽 13 厘米

广东省博罗县横岭山出土

广东省文物考古研究所藏

原始青瓷盉

Prototype ceramic celadon *he* vessel

战国早期（前 475 年 - 前 376 年）

Early Warring States Period

(475 B.C.E. – 376 B.C.E.)

高 27 厘米，口径 5 厘米，腹径 27 厘米

江苏省无锡市锡山区鸿山出土

南京博物院藏

原始青瓷壶

Prototype ceramic celadon ware in the pot-shaped form

战国早期（前475年-前376年）

Early Warring States Period
(475 B.C.E. – 376 B.C.E.)

通高27.2厘米，口径8.3厘米

江苏省无锡市锡山区鸿山出土

南京博物院藏

原始青瓷鼓座

Prototype ceramic celadon ware in the drum-rack-shaped form

战国早期（前 475 年 - 前 376 年）

Early Warring States Period

(475 B.C.E. – 376 B.C.E.)

高 18.8 厘米，口径 9.4 厘米，底径 31.1 厘米

江苏省无锡市锡山区鸿山出土

南京博物院藏

漆木羽人

Lacquer painted wood made supernatural being

战国（前 475 年 - 前 221 年）

Warring States Period
(475 B.C.E. – 221 B.C.E.)

高 100 厘米，蟾蜍底长 42 厘米，宽 30 厘米

湖北省荆州市天星观墓地出土

荆州博物馆藏

羽人是楚地巫风最盛时代最具创意的木雕作品。这件羽人有鸟嘴、鸟尾和爪子，腿上还可依稀分辨出鳞羽。他站在一只凤鸟头顶，立在蟾蜍底座之上。

羽人的出现与楚地流行的宗教信仰和神话传说有关。屈原《楚辞·远游》："仍羽人于丹丘（昼夜常明的地方）兮，留不死之旧乡（仙灵的居所）"。《山海经》中曾有记载，在楚的发源地荆山，"其神状皆鸟首而人面"，更提到"羽民国"有"不死之民"。羽人被当作天神，蟾蜍代表月亮之精，凤鸟是飞翔于天地之间的神鸟，三者合而为一，寄托了楚人遨游九天、羽化成仙的愿望。汉代羽人与仙人联系在一起，成了长生不老的象征。

凤鸟莲花纹漆木豆

Bird-and-lotus shaped wood made *dou* food container

战国（前 475 年 - 前 221 年）

Warring States Period
(475 B.C.E. – 221 B.C.E.)

高 32 厘米，盘径 24.8 厘米，底座最长 36 厘米

湖北省荆州市天星观墓地出土

荆州博物馆藏

中国用漆的历史可追溯至约八千年前的浙江杭州跨湖桥遗址。浙江余姚河姆渡遗址发现的七千多年前的朱漆木碗和朱漆筒形器是目前已知最早的漆器。河姆渡先民已经掌握了天然生漆调朱红色的技术，可知这两件器物并不是中国漆工艺的源头。春秋战国之际，更轻、更耐腐蚀、更易装饰美化的漆器取代了青铜器占据的统治地位，迎来了中国漆器史上的高峰。春秋晚期至战国早期，漆器木胎较厚，髹漆工艺成为木器加工的一道工序。战国中后期漆器多用薄木卷胎或用漆灰麻布夹纻，使器物更轻更薄，并可以制作线条流畅复杂的造型。

漆案双头四角镇墓兽

Mythological animal to avoid evil spirits at the tomb

战国（前 475 年 - 前 221 年）

Warring States Period

(475 B.C.E. – 221 B.C.E.)

高 150 厘米，宽 120 厘米

湖北省荆州市天星观墓地出土

荆州博物馆藏

楚人笃信巫鬼，将鹿生性警觉，雄鹿有角善于守御的自然特性移植到面目狰狞的镇墓兽身上，作为巫师驱鬼的法器，放置墓中，用以驱邪赶鬼。此器由木方座、镇墓兽与两对真鹿角组成。方形座上浮雕方块纹，兽为双头曲颈，身躯背向相连，凸眼龇牙，口吐长舌，头上插有两对真鹿角。通体髹黑漆，用红漆绘龙纹、云纹、菱形纹和几何纹等图案。鹿角上髹漆刻画图案，角的尖头涂红色，以示辟邪之用。

虎座凤鸟漆木架鼓

Lacquer painted wood made drum with rack

战国（前 475 年 - 前 221 年）

Warring States Period
(475 B.C.E. – 221 B.C.E.)
通高 170 厘米，长 156 厘米
湖北省江陵天星观墓地出土
荆州博物馆藏

此器为悬鼓，以虎为座，以凤鸟为架，是楚地特有的一种乐器。楚国向有崇凤传统，凤鸟在各种动物造型中处于至高无上的地位。凤鸟作昂首屹立、仰天长啸状，与虎俯卧在凤鸟脚下的姿态形成鲜明对比。造型别致典雅，设计巧妙，融声、色、形于一体，表现出楚人绝妙的想象力和高超的艺术表现力。虎座凤鸟漆木架鼓不仅是精美的乐器和艺术佳品，更是灿烂楚文化的象征。

漆木座屏

Lacquer painted wood made screen

战国（前 475 年 - 前 221 年）

Warring States Period
(475 B.C.E. – 221 B.C.E.)

长 50 厘米，底座宽 11 厘米

湖北省荆州市天星观墓地出土

荆州博物馆藏

座屏是用于置放琴瑟的用具，由屏面和屏座构成，屏面竖嵌于屏座之上。整器以透雕、圆雕相结合的手法，塑造出鸟、蛇形象。鸟口中衔蛇以中心对称形式展开，大鸟背后立小鸟衔蛇亦呈中心对称形式，形成画面相同，大小变化的两个形象单元互相穿插做二方连续排列，在秩序中体现变化。

漆木扁壶

Lacquer painted wood made flat flask

战国（前 475 年 - 前 221 年）

Warring States Period
(475 B.C.E. – 221 B.C.E.)

通高 45 厘米，口径 5 厘米，腹径 38 厘米，足径 29 厘米
湖北省襄阳市九连墩古墓群出土
湖北省博物馆藏

漆木扁壶仿青铜器造型，器物轮廓用“S”形双螺旋环绕装饰，主体装饰为红、黄两色的变形窃曲纹组成纹样单元，意在仿青铜器纹饰。漆器采用绘制手法，使图案创作脱离了铜礼器模具的限制，纹饰的组织形式较青铜器有所创新，每相邻的两个单元纹样上下颠倒，形成动态的对称和谐。

漆木方鉴

Lacquer painted wood made *jian* water container

战国（前 475 年 - 前 221 年）

Warring States Period
(475 B.C.E. – 221 B.C.E.)

通高 34 厘米，口长 49.2 厘米，口宽 47.2 厘米；
底长 29 厘米，底宽 27.4 厘米
湖北省襄阳市九连墩古墓群出土
湖北省博物馆藏

此鉴为大型盛水器，仿青铜器造型。口沿下为红、黑、黄三色变形旋涡纹组成的带状装饰。漆器的带状装饰不再像青铜器那样使用简单的单一元素重复出现，而是将单元元素通过上下翻转、局部变形，形成复杂的形象后再按照单元顺序排列，这些局部的变化使整个器物的视觉效果更为生动。

漆木敦 (duì)

A set of lacquer painted wood made *dui* food container

战国（前 475 年 - 前 221 年）

Warring States Period

(475 B.C.E. – 221 B.C.E.)

通高 29 厘米，外径 25 厘米

湖北省襄阳市九连墩古墓群出土

湖北省博物馆藏

此敦厚木胎髹黑漆，黑地上用红色朱绘纹饰，体现了漆器的原始工艺特征。

漆木樽 (zūn)

Lacquer painted wood made *zun* wine vessel

战国（前 475 年 - 前 221 年）

Warring States Period
(475 B.C.E. – 221 B.C.E.)

通高 13 厘米，宽 22 厘米，口径 17 厘米

湖北省襄阳市九连墩古墓群出土

湖北省博物馆藏

此樽为仿青铜酒器造型，口沿、底部箍铜扣，刻有卷云纹装饰。各单元内的图案做间隔重复，即每隔一个单元的图案相同，视觉上结构统一，细节上形成有规律的变化，表明当时对于图案的秩序与节奏的控制已经十分成熟。

鸟形漆木匜（yí）杯

Lacquer painted wood made *yi* ewer

战国（前 475 年 - 前 221 年）

Warring States Period
(475 B.C.E. – 221 B.C.E.)
通高 12.5 厘米，长 15 厘米，厚 19 厘米
湖北省襄阳市九连墩古墓群出土
湖北省博物馆藏

此匜体积较小，可能是盛酒的杯子。器物整体为鸟形，以视觉的中心对称平衡的构图方式，结合动态宛转的曲线，形成静中有动的形态。整器造型表现了制作者严谨的空间造型意识。东周时期，是中国雕塑从附属于器物的浮雕逐渐独立为圆雕艺术形式的过渡时期，这件作品体现的体积意识、空间意识正是雕塑成为独立艺术的反映。

骨篦

Bone made fine-toothed comb

春秋（前 770 年 - 前 476 年）

Spring and Autumn Period
(770 B.C.E. – 476 B.C.E.)
长 7.7 厘米，宽 5.7 厘米，厚 0.1–0.5 厘米
山东省新泰市东周墓葬出土
新泰市博物馆藏

篦是一种密齿梳，古人以篦去污止痒，也可插在头上做发饰。

玉韘（shè）

Jade archer's ring

春秋（前 770 年 - 前 476 年）

Spring and Autumn Period

(770 B.C.E. – 476 B.C.E.)

高 3 厘米，口径 4.3 厘米

山西省曲沃县羊舌晋侯墓地出土

山西省考古研究所藏

中国古代使用蒙古式射箭法，特点是食指扣住大拇指、以大拇指第二关节拉弓，大拇指需要套韘引弦、保护手指。商周时期男子以“佩韘”作为成年标志。这件韘上口呈坡状，拉弓时大拇指第一关节在短边处可弯曲活动，造型设计符合实用功能。

玉虎

Jade ornament in the shape of a tiger

春秋（前 770 年 - 前 476 年）

Spring and Autumn Period

(770 B.C.E. – 476 B.C.E.)

长 8.3 厘米，宽 3.8 厘米，厚 0.5 厘米

山西省曲沃县羊舌晋侯墓地出土

山西省考古研究所藏

玉虎头尾上扬，尾部做弯旋状，突出部位以直线雕琢为主，体现了春秋时期琢玉工艺尚未达到精致镂刻的技术水平，但造型极富整体感，线条有力，风格质朴。

龙鸟鱼形玉佩

Waist pendant with dragon-bird-fish decorated pattern

战国（前 475 年 - 前 221 年）

Warring States Period
(475 B.C.E. – 221 B.C.E.)

长 6.5 厘米，宽 3.5 厘米

湖北省荆州院墙湾墓地出土

荆州博物馆藏

楚国玉器反映了楚文化浪漫诡奇的特质，造型中常见将动物形象分割打散再组合的形式。此佩将龙、鸟、鱼多种动物形象组合为一体，重构为新的艺术形式。龙背上的两只鸟各衔一条鱼，正是江汉大地常见的自然景象，反映了人们的审美发展。自然主义逐渐代替神秘的宗教色彩，人们开始更自由地通过造型艺术表达对世界的观察。

龙形玉佩

Jade ornament in the shape of a dragon

战国（前 475 年 - 前 221 年）

Warring States Period
(475 B.C.E. – 221 B.C.E.)

长 8.5 厘米，宽 4 厘米

湖北省荆州院墙湾墓地出土

荆州博物馆藏

东周时期，随着冶铁技术的发展，琢玉工具得到了改进，玉器的造型和纹饰不断创新。这一时期玉器透雕工艺有了显著进步，不仅大量玉器具有透雕图案，也使器物整体造型有了更多的流畅曲线，呈现以“S”形为主的造型风格。此佩由内外四条龙组成两层环形，轮廓造型曲线与直线相结合，内外层转折相互呼应，呈现出在和谐中求变化的审美意识。

神人执龙玉佩

Jade pendant with supernatural being and dragon decorated pattern

战国（前 475 年 - 前 221 年）

Warring States Period

(475 B.C.E. – 221 B.C.E.)

长 7 厘米，宽 3.5 厘米

湖北省荆州院墙湾墓地出土

荆州博物馆藏

楚文化盛行老庄思想。《庄子·列御寇》记载有“夫千金之珠，必在九重之渊，而骊龙颔下”，即宝珠在黑龙颔下。此玉佩呈中心对称形式，中间一个玉人执龙，头顶圆环，双龙以圆环为中心相对，龙身栖鸟。此形象可以看作是“二龙戏珠”的早期形象。

双龙形玉佩

Jade pendant in the double-dragon shaped form

战国（前 475 年 - 前 221 年）

Warring States Period

(475 B.C.E. – 221 B.C.E.)

长 11.5 厘米，宽 7 厘米，厚 0.6 厘米

湖北省荆州市熊家冢墓地出土

荆州博物馆藏

在楚国玉器造型中不仅有动态和谐的作品，还不乏对称之美的作品。此件玉佩透雕出左右对称的两条龙，龙爪与毛发雕琢为鸟头形式，将龙与鸟的形象打散后重新组合在一起。鸟头的造型属同一性元素。在图案构成中，同一性元素的重复组合可以创造出节奏和韵律，促成自然形态向抽象形态转化的条件，利于通过形象表达抽象的思想概念。

龙形玉佩

Jade ornament in the dragon-shaped form

战国（前 475 年 - 前 221 年）

Warring States Period
(475 B.C.E. – 221 B.C.E.)

长 26.5 厘米，宽 7 厘米

湖北省荆州市熊家冢墓地出土

荆州博物馆藏

由于透雕技术的发展便于去除小面积的玉料，使玉龙身体的曲线有了更多变化，呈现不同曲率和半径，使想象中的龙更符合自然界蛇的生理状态，整个造型充满灵动的韵味。龙身刻谷纹、云纹，纹饰卷曲的流线方向与身体弯曲的曲线相呼应，完美地烘托出整体造型的曲线张力，龙的角、足等突出之处与身体线条趋势作反向弯曲，达到总体造型的平衡和谐。可见当时人们已经对装饰的功能性有了较高的认识。

龙凤虺(huǐ)形玉佩

Jade pendant in the dragon-phoenix-snake shaped form

战国（前475年-前221年）

Warring States Period

(475 B.C.E. – 221 B.C.E.)

长13厘米，宽9.3厘米

湖北省荆州市熊家冢墓地出土

荆州博物馆藏

玉佩造型为一龙一凤一虺(huǐ，蛇形小龙)。凤栖于龙尾部，虺卷尾与龙尾相接。龙凤虺合体玉器少见，三者组合在一起可能有避邪佑祥作用。整器设计别致，构思巧妙，为战国玉佩饰的精品，极富楚文化风情。

龙形玉佩（1对）

Jade pendants in the dragon-shaped form (a pair)

战国（前475年-前221年）

Warring States Period

(475 B.C.E. – 221 B.C.E.)

长均为11.5厘米，宽均为5.6厘米

湖北省荆州市熊家冢墓地出土

荆州博物馆藏

神人乘龙玉佩

Jade ornament in the immortals-dragon shaped form

战国（前 475 年 - 前 221 年）
Warring States Period
(475 B.C.E. – 221 B.C.E.)
长 11.5 厘米，宽 8 厘米
湖北省荆州市熊家冢墓地出土
荆州博物馆藏

人物与龙的造型是楚国艺术中的一个常见题材，湖南长沙出土的《人物御龙帛画》就是这一题材在绘画作品中的体现。有研究认为，楚国文化中对灵魂不灭的思想赋予了人对灵魂飞升上天的追求，因而创造出人乘龙飞天的形象；也有研究认为这一形象是巫师沟通天地的体现。龙作为主体图案，奠定了此器物的基本造型，在主造型的转弯处辅以反向的弯曲，使器物在动态中达到平衡，体现了造型艺术对和谐结构的追求。

滑石饰件

Stone carved ornament

战国（前 475 年 - 前 221 年）
Warring States Period
(475 B.C.E. – 221 B.C.E.)
高 9 厘米，宽 9 厘米
辽宁省建昌县东大仗子战国墓地出土
辽宁省文物考古研究所藏

此类器物出土于墓葬的外椁底板，呈环状，外有四个对称的勾云纹镂空装饰，环内侧镂空三个勾形，镂空部位之外的空间形成闭合的图案，虚实结合。环上有上下对应两个小孔，推测其使用时并非放置在外椁底板，而是用线串成一列。

镂空夔龙纹金饰
Openwork gold ornament with dragon shaped pattern

春秋（前 770 年 - 前 476 年）
Spring and Autumn Period
(770 B.C.E. – 476 B.C.E.)
边长 3 厘米
陕西省韩城市梁带村芮国墓地出土
陕西省考古研究院藏

金饰整体由变体的龙纹组成，龙体卷曲延伸，玲珑奇巧。此件金饰是芮国芮桓公佩挂的一套金饰之一，根据出土位置推测是腰部的饰品，尽显墓主的雍容华贵之风。梁带村出土的金器对于研究两周时期的服饰配饰制度、文化交流和手工艺制作具有重要意义。

兽面金饰
Gold ornament with animal-face shaped pattern

春秋（前 770 年 - 前 476 年）
Spring and Autumn Period
(770 B.C.E. – 476 B.C.E.)
长 2 厘米，宽 2 厘米
陕西省韩城市梁带村芮国墓地出土
陕西省考古研究院藏

金饰为兽首形，双目凸出圆睁，鼻部四方隆起，双角卷曲，獠牙上卷外翘。梁带村芮国贵族墓中出土大量的黄金制品，与中原地区截然不同。芮国是周代靠近西北方边疆的封国，这些种类形式繁多、做工精良的黄金制品，是周人与戎狄地区文化交流的物证。

格里芬噬虎形金牌饰

Gold ornament in the Griffin-swallowing-a-tiger shaped form

战国（475 年 - 前 221 年）

Warring States Period
(475 B.C.E. – 221 B.C.E.)

高 3.6 厘米，长 5 厘米

甘肃省礼县大堡子山遗址出土

甘肃省博物馆藏

格里芬 (Griffin) 是一种鹰头狮身有翼神兽，其形象产生于公元前 2000 年之前的西亚两河流域。此件金牌饰的格里芬叼住虎颈，尖利的爪子按住虎头，正是草原文化常见的格里芬形象，反映了战国时期中国与中西亚地区的文化交流。

鸱（chī）鸟形金饰片（1 对）

Gold ornaments in the raptor-shaped forms (a pair)

春秋（前 770 年 - 前 476 年）

Spring and Autumn Period

(770 B.C.E. – 476 B.C.E.)

长 48 厘米，宽 26–27 厘米

甘肃省礼县大堡子山遗址出土

甘肃省博物馆藏

2015 年 7 月 20 日，原藏于法国吉美博物馆的 32 件甘肃礼县大堡子山文物成功追索回国并移交甘肃省博物馆。这组鸱鸟形金饰片的造型和纹饰基本相同，通身捶揲出变形窃曲纹象征鸟的羽毛。在喙、首、背、尾、腹、爪等部位分布有 9 对钉孔，可能为马胄上的饰物。在西周及春秋时期，秦人曾在西汉水上游的甘肃大堡子山一带生活繁衍，这组鸱鸟形金饰片对认识和研究早期秦文化具有重要的学术价值。

四鸟纹金饰片（1对）

Gold ornaments in the birds shaped form (a pair)

战国（475年-前221年）

Warring States Period

(475 B.C.E. – 221 B.C.E.)

长6厘米，宽6厘米

甘肃省礼县大堡子山遗址出土

甘肃省博物馆藏

这些金饰片以动物为模本，造型别致，散发出浓郁的草原文化气息。由于地域之间的交流增加，一些中亚地区和草原游牧民族的文化因素被吸收，西北地区出现了大量兼容并蓄、东西结合的黄金制品。受草原文化影响，战国时期，金银器在陕甘地区的秦人中已成为了身份、财富、权力的标志，对金银装饰品的喜爱出现平民化的趋势。

喇叭形铜耳环（1对）

Earrings in the horn-shaped form (a pair)

前21世纪-前3世纪

21st century B.C.E. – 3rd century B.C.E.

直径均为5厘米

新疆维吾尔自治区伊犁尼勒克县汤巴勒萨依墓地出土

新疆维吾尔自治区文物考古研究所藏

这种喇叭形耳环源自中亚草原文化，在中国西北、华北北部草原文化也广泛出现，既有铜质也有金质。

狼首铜刀

Bronze sword with wolf's head decorated hilt

前 5 世纪 - 前 3 世纪

5th century B.C.E. – 3rd century B.C.E.

长 17.5 厘米，宽 2 厘米

新疆维吾尔自治区伊犁州喀什河尼勒克一级电站墓地出土

新疆维吾尔自治区文物考古研究所藏

此刀柄部铸成狼头的形象。动物形剑首、刀首在商周时期广泛流传于中亚至中国北部的草原文化地区，极富草原风情。

鹿形金饰片

Gold ornament in the deer-shaped form

前 5 世纪 - 前 3 世纪

5th century B.C.E. – 3rd century B.C.E.

高 8 厘米，长 6.6 厘米

新疆维吾尔自治区尼勒克吉林台墓地出土

新疆维吾尔自治区文物考古研究所藏

动物纹木桶

Wood made barrel with animal decorated pattern

约 2500 年前

Ca. 2500 B.P.

高 18 厘米，口径 17 厘米

新疆维吾尔自治区鄯善县洋海墓葬出土

新疆维吾尔自治区文物考古研究所藏

木桶上下刻有二方连续三角纹，桶壁刻有公羊与狼，图案反映了游牧民族的生活趣味，仍有颜色残留。在三角纹和动物纹的附近，可以清晰地看到在刻掉树皮前，制作它的人曾经打过稿子，在正式雕刻时按照更精确的位置下刀而将不准确的稿子留下。特别是其中一只公羊的后腿，原稿子将后腿比例画得过长，正式制作时将后腿按照正确的比例表现，可见当时人们追求准确的自然形态的刻画，对动物的生理解剖位置有准确的认识。

镶红宝石金戒指

Gold ring inlaid with ruby

前 5 世纪 - 前 3 世纪

5th century B.C.E. – 3rd century B.C.E.

长 5 厘米，环径 2.3 厘米

新疆维吾尔自治区尼勒克吉林台墓地出土

新疆维吾尔自治区文物考古研究所藏

戒面的两端似蟾蜍首状，镶红宝石为双眼。戒面两侧用细金珠焊成成排的小三角围成椭圆形，正面镶嵌圆形红宝石。宝石阴刻了一位端坐在椅子上的妇人，头戴圆冠，一手屈至胸前，手腕戴手镯，手中握一束花，极具异国情调。这个戒指的戒面可能用作印章。

金耳饰

Gold earring

前 5 世纪 - 前 3 世纪

5th century B.C.E. – 3rd century B.C.E.

长 3.5 厘米，宽 3 厘米

新疆维吾尔自治区尼勒克吉林台墓地出土

新疆维吾尔自治区文物考古研究所藏

马形金饰片

Gold ornament in the horse-shaped form

前 5 世纪 - 前 3 世纪

5th century B.C.E. – 3rd century B.C.E.

长 4 厘米，宽 3.5 厘米

新疆维吾尔自治区尼勒克吉林台墓地出土

新疆维吾尔自治区文物考古研究所藏

(二) 依类象形

The Art of Chinese Characters

依类象形谓之文，形声相益谓之字。
——东汉·许慎《说文解字》

文字的出现使知识经验得以记录、交流、传播，法律制度得以颁行，昭示着文明时代的到来。

汉字起源于象形符号，体现了先民认知世界的质朴方式。如今，其它象形文字已被音节文字代替，唯有汉字具有既表意又表音的特性，表现出旺盛的生命力与适应力。

“六书”造字法使汉字超越了象形文字模拟对象的局限性，成为能够表达抽象意义的符号。也正因汉字直接源自图画式的象形，使得汉字蕴含了线条章法与形体结构之美，书法成为独特的纸上乐舞艺术。独树一帜的汉字构建起中华民族文化认同的根基。

卜骨

Oracle bone for divination and fortune telling

夏代晚期（17 世纪 - 前 16 世纪）

Late Xia Dynasty

(17th century B.C.E. – 16th century B.C.E.)

残长 13.5 厘米，残宽 6 厘米，最厚处 3.5 厘米

河南省郑州市东赵遗址出土

郑州市文物考古研究院藏

占卜源自史前时期的前兆迷信，史前人类认为上天通过特定的途径和方式警示吉凶祸福。甲骨占卜习俗在公元前 3000 多年已出现，主要流行于北方地区和华北地区，在商代达于极盛。目前已知最早的成熟汉字是商代晚期刻在卜骨卜甲上的甲骨文，在此之前汉字应已起源。虽然目前尚未发现确凿的夏代文字，但夏代晚期二里头文化已发现数以百计的卜骨，应已有相对固定的“卜者”，即当时的知识阶层。

刻辞卜骨

Oracle bone carved with ancient characters

商代晚期（13 世纪 - 前 11 世纪中期）

Late Shang Dynasty

(13th century B.C.E. – mid. 11th century B.C.E.)

长 26.5 厘米，宽 7 厘米，厚 0.5 厘米

河南省安阳殷墟小屯南路出土

中国社会科学院考古研究所藏

商代占卜之前先将龟甲或兽骨整治平整，然后用铜钻在甲骨背面钻孔，在钻孔一侧凿出枣核形槽，再用燃炽的木枝在钻凿处灼烧，使甲骨正面爆裂出兆纹，根据兆纹判断吉凶，最后由卜者将占卜之事刻在兆纹附近以资验证或记录。“卜”字字形就是模仿甲骨裂纹，读音也是模仿烧灼爆裂声。商代甲骨文系用铜刻刀刻在坚硬的甲骨上，因而笔划多为直硬的横平曲折，对汉字方块字的结构与书写传统影响甚大。这件卜骨是牛肩胛骨，释文为：

(1) 戊戌卜：御父（辛）母辛？

(2) 庚戌卜：雨？ 壬子雨。二

(3) 己卯贞。

第一条卜问是否可以御祭父亲辛和母亲辛。第二条卜问是否将下雨，壬子这天果然下雨。可看出商代甲骨文书写方式较为随意，但笔法已有粗细、轻重、疾徐的变化，为中国书法特有的线条艺术奠定了基调。

刻辞甲骨（3 件）

Oracle bones carved with ancient characters

西周（11 世纪中期 - 前 771 年）

Western Zhou Dynasty

(mid. 11th century B.C.E. – 771 B.C.E.)

陕西省岐山市周公庙庙王村出土

陕西省考古研究院藏

周公庙遗址位于岐山县凤凰山南麓，面积超过 10 平方公里，是周公旦的封地采邑。近年在周公庙遗址出土上万片西周甲骨，可辨识文字两千多个，是中国其他地区出土西周甲骨文字总和的两倍还多。

刻辞甲骨（2 件）

Oracle bones carved with ancient characters

西周（11 世纪中期 - 前 771 年）

Western Zhou Dynasty
(mid. 11th century B.C.E. – 771 B.C.E.)

陕西省扶风县法门镇庄白李家村出土

陕西省考古研究院藏

周原遗址是周文化的发祥地，其中心在今陕西扶风、岐山一带。近半个世纪以来在周原遗址发现了丰富的刻辞甲骨，表明商人与周人的占卜传统和文字是一脉相承的。周人甲骨刻辞的特点是大字与小字并用，小字细如微雕，令人惊叹，目前还不知周人为什么以及怎样把刻辞刻得如此之小。

四十三年铜逨鼎

Ding cauldron engraved with inscription

西周晚期（9 世纪中期 - 前 771 年）

Late Western Zhou Dynasty

(mid. 9th century B.C.E. – 771 B.C.E.)

通高 56 厘米 , 口径 49.7 厘米 , 宽 50.2 厘米

陕西省眉县杨家村青铜器窖藏出土

宝鸡青铜器博物馆藏

眉县杨家村青铜器窖藏是轰动世界的重大考古发现，出土青铜器大都有长篇铭文，为研究西周历法、西周诸王年代提供了珍贵的新资料。四十三年逨鼎铭文316字，记述了贵族逨因治理林泽有功，被周宣王册封、赏赐的史实。商周金文铸造前先刻于柔软的泥质模范上，比甲骨文易于书写，因而笔划更为严谨规范，结构更为合理美观。加之周代金文内容多为歌功颂德，对文法书体的规范性和美观性要求更高，进一步推动了汉字书法艺术的发展。

仲筍 (sǔn) 父铜盘

Bronze *pan* water container

西周（11 世纪中期 - 前 771 年）

Western Zhou Dynasty
(mid. 11th century B.C.E. – 771 B.C.E.)

通宽 44.7 厘米，口径 41 厘米

山西省绛县横北西周墓地出土

山西省考古研究所藏

此盘铭文大意是仲筍父为妻子觛姬制此盘，用于祭祀列祖列宗。铭文笔划工整舒畅，结构规整合乎法度，极富美感，表明当时已对书法的艺术性形成了成熟的规范。

释文：仲筍父肇作觛姬宝盘，其用夙夜享于厥宗，用享孝于朕文祖考，用匄百福，其万年永宝，子子孙孙其万年用夙夜享孝于厥宗用。

秦简

Bamboo slips

秦（前 221 年 - 前 206 年）

Qin Dynasty

(221 B.C.E. – 206 B.C.E.)

① 长 22.8 厘米，宽 2.8 厘米

② 长 22.5 厘米，宽 4 厘米

③ 长 13.5 厘米，宽 7.5 厘米

④ 长 15.7 厘米，宽 2.3 厘米

湖南省龙山县里耶古城出土

湖南省文物考古研究所藏

汉字的演变过程始终沿着兼顾形式美与书写方便的轨迹发展。秦统一后的文字称为秦篆，又叫小篆，是在金文的基础上删繁就简而来，秦篆堪称汉字的继承与创新阶段。为了书写方便而产生的汉隶在秦篆基础上又前进一大步，使汉字趋于方正楷模，在笔法上也突破了单一的中锋运笔，为以后各种书体流派奠定了基础。

正面

卅年七月丁巳朔：（朔）日，貳春鄉守帶敢言之：“《疏書》日食者牘北上，謁令。倉以從事。鄉以副食。敢言之”

背面

城旦一人。舂一人。七月丁丑水十一刻：（刻）下八，佐袁以來。／信發，敦狐手。

说明：文书木牍，内容是秦始皇三十年（公元前 217 年）七月初一日，迁陵县贰春乡乡长名叫带的人出具公文，向县廷报告为贰春乡服劳役的刑者提供食物的情况。七月二十一日由小吏名袁送达，漏壶记时为水下十一刻又八分。

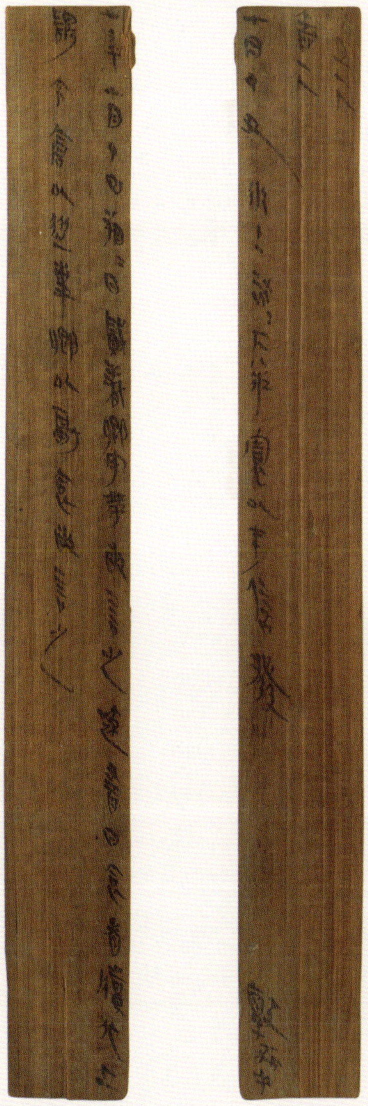

正　背

①

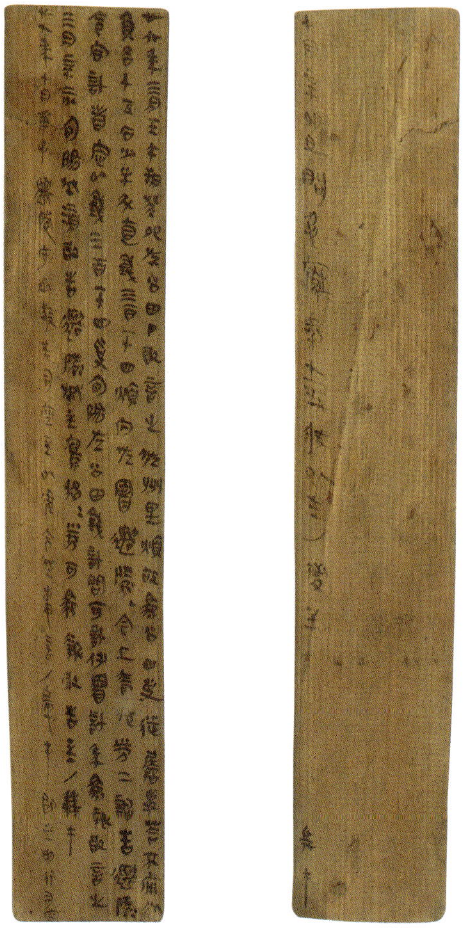

正　　　　背

②

正面

廿六年三月壬午朔癸卯，左公田丁敢言之："佐州里煩，故爲公田吏，徙屬事荅不備，分負各十五石少半斗，直錢三百一十四，煩冗佐，署遷陵。

今上責校券二謁告遷陵，令官計者定以錢三百一十四受旬陽左公田，錢計問可，計付署，計年爲報，敢言之。"三月辛亥，旬陽丞滂敢告遷陵丞主，寫移：券，可爲報，敢告主。／兼手。

廿七年十月庚子，遷陵守丞敬告司空主，以律令從事言。／慶手。即走申行司空。

背面

十月辛卯旦，朐忍索秦士五狀以來。／慶手。兵手。

说明：文书木牍，跨地区追讨债务。名叫烦的人原来在旬阳县为管理公田的小吏，因工作失误被要求分担损失的钱款，未偿还，现在这个叫烦的人调动到了迁陵县。秦始皇二十六年三月二十二日，旬阳县出具公文，要求迁陵县协助追讨。文书由朐忍县的平民名叫状的送达，时间已是第二年的十月十四日（秦以十月为每年的第一个月）。

正面

群志

式具此

中巳

说明：楬，也称为笥牌，置于已装入文书或物资的笥（箱、箧）外以便查验。本楬说明笥中是很多种工作统计记录的范本。

正　　背

③

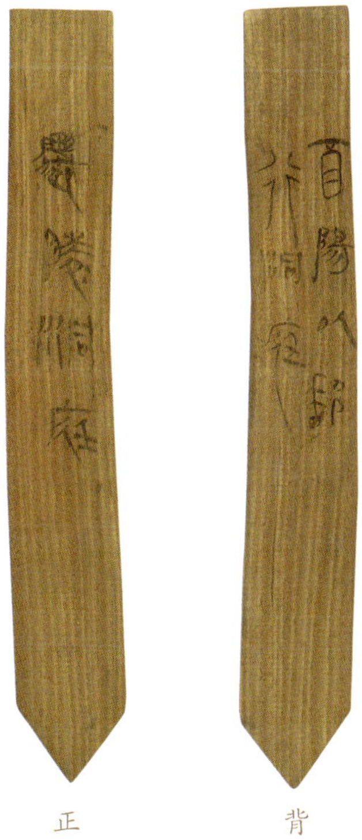

正　　背

④

正面

遷陵洞庭

背面

酉阳以邮／行洞庭

说明：检，有便于看视检查之意，置于公私信件或邮递物资之上，标明寄出地址和寄达地址。迁陵县是洞庭郡的辖县，秦朝有洞庭郡，未见于文献记载。

三

保合太和（汉唐）

保合太和，乃利贞。
——西周《周易·乾卦·象》

大一统国家格局推动着思想诉求的发展，儒家仁爱与道家无为既对立又统一，浓缩了儒道哲学的“天人合一”思想应运而生，道德与人欲、理性与浪漫踏上了和谐之路。

尊奉和谐的文明注定是多元包容的。商周时期犹如涓涓细流的中外文明交流，在汉唐时期俨如滚滚巨浪，为中华文明输入丰沛的养分，又向域外绽放着生命力。

汉唐艺术如同青春勃发的少年，在成长中释放天性，在交流中趋于成熟。

Pursuit of Unification and Stability

The idea of a country provided sound pre-conditions for the development of Chinese philosophy. The thought of Unity of Heaven and Human coming from the Confucianism and Taoism was born thereafter.

Civilizations with the ideas of harmony are diverse and inclusive in encouraging formation of values among peoples involved. The development of Chinese civilization was benefited from cultural exchanges between China and foreign countries which frequently and synergistically happened during the Han and Tang Dynasties and had a tremendous influence on featuring of the foreign cultures as well.

（一）和乐且湛
Social Cohesion and Cultural Integration

兄弟既翕，和乐且湛。

——西周《诗·小雅·常棣》

汉起于楚地，楚汉浪漫主义与商周理性精神结合，决定了两汉艺术的审美潮流。帝国气势与古拙的平民文化又赋予汉代艺术蓬勃旺盛的生机。

魏晋南北朝时期出身于门阀世家的文人阶层引领着文学艺术的潮流，“魏晋风度”强调个体内在精神，写貌传神、生动气韵成为艺术审美的准则。

结束了长期战乱分裂的唐王朝将南北文化、中西文明再次缀连，文学艺术在大唐盛世表现出前所未见的生机活力与乐观主义，文化认同与国家认同渐入人心。

跪射陶俑

Terracotta archer

秦（前 221 年 - 前 206 年）

Qin Dynasty

(221 B.C.E. – 206 B.C.E.)

高 120 厘米，宽 55 厘米

陕西省西安市秦始皇陵兵马俑一号坑出土

秦始皇帝陵博物院藏

此像为陶塑，体现了当时高度发达的写实雕塑手法，人物的神态、衣着、发辫乃至鞋底的纹路都刻画得一丝不苟。俑身彩色剥落，仅在部分连接甲片的丝绦上还能看到残留的红彩痕迹。此俑手中原应持有弓弩。

铜雁

Bronze ware in the wild-goose shaped form

秦（前 221 年 - 前 206 年）

Qin Dynasty

(221 B.C.E. – 206 B.C.E.)

高 26 厘米，长 53 厘米

陕西省西安市秦始皇陵陪葬坑出土

秦始皇帝陵博物院藏

铜雁出土于距秦始皇陵园最远的一座陪葬坑，坑内有象征性河道，46 件铜禽排列在河道两侧，其中铜鹤 6 件，铜天鹅 20 件，其他为鸿雁等禽类。这些铜禽均仿照真实禽鸟原大制作，与兵马俑共同代表了东周以来日渐兴盛的写实艺术风尚，表现了制作者对造型艺术的娴熟驾驭能力。这座陪葬坑未必象征御苑，可能体现了某种神仙思想。

“安氏万岁”瓦当

Eaves tile carved with inscription

汉（前 206 年 - 公元 220 年）

Han Dynasty

(206 B.C.E. – 220 C.E.)

直径 14 厘米，最厚处 5.5 厘米

河南省新安县汉函谷关遗址出土

新安县博物馆藏

博局十二辰纹铜镜

Bronze mirror with inscription

西汉（前 206 年 - 公元 25 年）

Western Han Dynasty
(206 B.C.E. – 25 C.E.)

直径 15 厘米，厚 0.4 厘米

山东省日照海曲汉墓出土

山东省文物考古研究所藏

中国铜镜早在四千多年前的新石器时代末期已出现，是中国古代特有的生活用器，记载了各时代审美意趣的变化。博局镜又称为“规矩镜”，其特点是在铜镜上饰有具有象征含义的“T、L、V”形纹。此镜镜背有十二地支铭文，填饰极富动感的神兽禽鸟纹，外圈饰锯齿纹和波折纹，制作精良，是汉代铜镜的代表作。

双圈铭文铜镜

Bronze mirror with inscription

西汉（前 206 年 - 公元 25 年）

Western Han Dynasty

(206 B.C.E. – 25 C.E.)

直径 13.2 厘米，厚 0.5 厘米

山东省日照市海曲汉墓出土

山东省文物考古研究所藏

四乳四虺纹铜镜

Bronze mirror with snake-shaped pattern

西汉（前 206 年 - 公元 25 年）

Western Han Dynasty

(206 B.C.E. – 25C.E.)

直径 10 厘米，厚 0.6 厘米

山东省日照市海曲汉墓出土

山东省文物考古研究所藏

虎形铜帐座（4 件）

Tiger shaped bronze tent pegs

西汉（前 206 年 - 公元 25 年）

Western Han Dynasty
(206 B.C.E. – 25 C.E.)

高 12.7 厘米，长 20.4 厘米，宽 11 厘米

江苏省盱眙县大云山汉墓出土

南京博物院藏

五代以前人们跽坐在席子上，使用矮型家具，因而视觉上较重视器足的装饰性。这些器足一般做成各种想像的瑞兽，或者现实世界的猛兽，体现了对自然和力量的崇拜。这套铜帐座的形态为憨态可掬的虎形，背上有銎孔插木杆。

漆案铜足

Feet supporters of lacquered table

西汉（前 206 年 - 公元 25 年）

Western Han Dynasty

(206 B.C.E. – 25C.E.)

高 9.7 厘米，长 13.8 厘米，宽 13.8 厘米

江苏省盱眙县大云山汉墓出土

南京博物院藏

漆案足为直角双身龙形，贴合漆案的两边，四足各踞一角，兼顾了力学稳定性和装饰美观。

鎏金龙纹钮钟架铜套头

Bronze Ornament for decorating the chime bells frame

西汉（前 206 年 - 公元 25 年）

Western Han Dynasty

(206 B.C.E. – 25 C.E.)

高 10.7 厘米，长 27.8 厘米，宽 4.5 厘米

江西省南昌市海昏侯刘贺墓出土

江西省文物考古研究院藏

骆驼形鎏金笋虡(jù)构件（1对）

Decorated parts to the chime bells frame (a pair)

西汉（前206年-公元25年）

Western Han Dynasty

(206 B.C.E. – 25C.E.)

均长18.5厘米

江西省南昌市海昏侯刘贺墓出土

江西省文物考古研究院藏

笋虡是古代悬挂钟盘的木架，其木直立者为虡，横牵者为笋。海昏侯刘贺墓出土了一组笋虡端头的装饰物，其中骆驼形构件为悬挂组钟的钟钩，使用时骆驼头朝下。出土时骆驼颈部有丝绳，可能用于悬挂钟槌。汉武帝派遣张骞凿通西域开启丝绸之路之后，中国与世界的交流得到明显推动。这对笋虡构件逼真写实地刻划了沙漠之舟骆驼的英姿，从侧面体现了中西文明交流对中国传统艺术的巨大影响。

鎏金铜轴饰

Gilded bronze ornament decorated on the axle

西汉（前 206 年 - 公元 25 年）

Western Han Dynasty

(206 B.C.E. – 25 C.E.)

高 1.7 厘米，长 3.2 厘米

山东省长清县双乳山西汉济北王陵出土

济南市长清区博物馆藏

商周至秦汉，贵族出行乘坐马车，平民主要使用牛车。铜车马器既用于加固马车车体的木构件，也用于装饰和标志等级身份。随着青铜装饰工艺的发展，战国秦汉时期上层人士尤其喜爱使用鎏金、错金银、镶嵌工艺的铜车马器，与雄伟的马车相得益彰。

鎏金铜轴饰

Gilded bronze ornament decorated on the axle

西汉（前 206 年 - 公元 25 年）

Western Han Dynasty

(206 B.C.E. – 25 C.E.)

长 10.5 厘米，宽 10 厘米

山东省长清县双乳山西汉济北王陵出土

济南市长清区博物馆藏

错金银铜轴饰

Bronze ornament inlaid with gold and silver decorated on the axle

西汉（前 206 年 - 公元 25 年）

Western Han Dynasty

(206 B.C.E. – 25 C.E.)

长 7.1 厘米，上宽 2.6 厘米，下宽 6.2 厘米，厚 1.5 厘米

山东省长清县双乳山西汉济北王陵出土

济南市长清区博物馆藏

错金银铜车軎（wèi）

Bronze *wei* (axle cap) inlaid with gold and silver

西汉（前 206 年 - 公元 25 年）

Western Han Dynasty

(206 B.C.E. – 25 C.E.)

外径 6 厘米，内径 3.8 厘米，长 5 厘米

山东省长清县双乳山西汉济北王陵出土

济南市长清区博物馆藏

鎏金铜軶（è）角

Gilded bronze apparatus from the yoke

西汉（前 206 年 - 公元 25 年）

Western Han Dynasty

(206 B.C.E. – 25 C.E.)

高 4.4 厘米，长 8.5 厘米，宽 4.3 厘米

山东省长清县双乳山西汉济北王陵出土

济南市长清区博物馆藏

错金银铜环

Bronze loop inlaid with gold and sliver

西汉（前 206 年 - 公元 25 年）

Western Han Dynasty

(206 B.C.E. – 25 C.E.)

外径 3.5 厘米，内径 1.8 厘米

山东省长清县双乳山西汉济北王陵出土

济南市长清区博物馆藏

错金铜环

Bronze loop inlaid with gold

西汉（前 206 年 - 公元 25 年）

Western Han Dynasty

(206 B.C.E. – 25 C.E.)

外径 7.3 厘米，内径 5.6 厘米

山东省长清县双乳山西汉济北王陵出土

济南市长清区博物馆藏

鎏金铜车軎（wèi）

Gilded bronze *wei* (axle cap)

西汉（前 206 年 - 公元 25 年）

Western Han Dynasty

(206 B.C.E. – 25 C.E.)

外径 7 厘米，内径 4.2 厘米

山东省长清县双乳山西汉济北王陵出土

济南市长清区博物馆藏

金饰（1 对）

Gold ornaments (a pair)

西汉（前 206 年 - 公元 25 年）

Western Han Dynasty

(206 B.C.E. – 25 C.E.)

长均为 4.4 厘米，宽均为 4.06 厘米

江苏省盱眙县大云山汉墓出土

南京博物院藏

嵌宝石银节约（2 对）

Jieyue (bridle loops) inlaid with gems (2 pairs)

西汉（前 206 年 - 公元 25 年）

Western Han Dynasty
(206 B.C.E. – 25 C.E.)

高均为 0.8 厘米，底径均为 2.7 厘米

江苏省盱眙县大云山汉墓出土

南京博物院藏

嵌宝石银饰件（2 件）
Silver ornaments inlaid with gems

西汉（前 206 年 - 公元 25 年）
Western Han Dynasty
(206 B.C.E. – 25 C.E.)
最宽 13 厘米，厚 0.3 厘米
江苏省盱眙县大云山汉墓出土
南京博物院藏

玉覆面
Jade mask

西汉（前 206 年 - 公元 25 年）
Western Han Dynasty
(206 B.C.E. – 25 C.E.)
长 20 厘米，宽 23 厘米，鼻罩高 2.9 厘米，
玉片厚 0.1-0.2 厘米
山东省长清县双乳山汉墓出土
济南市长清区博物馆藏

古人认为以玉敛尸有保持尸体不朽的神奇力量。玉覆面最早出现于西周，将玉料依据人面对应器官的位置缝缀于丝织物、覆盖于死者面部。玉覆面在两汉时期再度复兴，一般与玉衣、玉枕配套出土。这套玉覆面出土于西汉济北王墓，由依据额、颐、腮、颊、颌、耳、鼻的位置和形状设计的 18 块玉片组成，背面有穿孔方便缀联。整体颇似沉思的人脸，是汉代玉覆面的代表作品。

玉枕

Jade pillow

西汉（前206年 - 公元25年）

Western Han Dynasty

(206 B.C.E. – 25 C.E.)

通长 42.1 厘米

山东省长清县双乳山汉墓出土

济南市长清区博物馆藏

两汉时期强烈的尚玉意识、西域和田玉的开采和治玉工艺的进步，使得玉器无论质量还是数量都盛况空前。不仅玉礼器与佩玉发达，葬玉也达到了巅峰。汉代葬玉主要有玉衣、玉枕和玉棺三种形式。这套玉枕与玉覆面一同出土，由枕足、虎头形端头和枕身共14块玉组成。原镶嵌于木胎之上，整体呈板凳形，玉片表面刻有云气纹，是西汉玉枕的典型样式之一。

撕咬纹玉饰

Jade ornament with the design of the art of fighting

西汉（前206年 - 公元25年）

Western Han Dynasty
(206 B.C.E. – 25 C.E.)

长 5.5 厘米，宽 3.7 厘米，厚 0.61 厘米
江西省南昌市海昏侯刘贺墓出土
江西省文物考古研究院藏

此玉已残，用浅浮雕表现两头熊撕咬一头野猪的场景，推测原器应是镶嵌在漆器或者铜器上的一个组件。这种动物撕咬打斗场景与后肢翻转的动物形象并非中原文化原生艺术形式，系从中亚草原传来。战国、两汉时期，这类题材大量出现在马面当卢和腰带饰上。匈奴衰落以后，这种纹饰在中原文化逐渐消失。刘贺墓出土的这件撕咬主题器物为玉质，颇为罕见。

龙纹玉饰（1 对）

Dragon shaped jade ornaments (a pair)

西汉（前206年 - 公元25年）

Western Han Dynasty
(206 B.C.E. – 25 C.E.)

残高 3.03-3.09 厘米，宽 2.26-2.57 厘米，厚 0.45 厘米
江西省南昌市海昏侯刘贺墓出土
江西省文物考古研究院藏

陶庖厨俑、陶案

Pottery statue in the shape of a cook

汉（前206年 - 公元220年）

Han Dynasty

(206 B.C.E. – 220 C.E.)

俑高 90 厘米，宽 50 厘米；

案高 23 厘米，宽 28 厘米，厚 23 厘米

四川省成都市六一一所出土

成都博物馆藏

庖厨俑在汉代墓葬中广泛存在，表示墓主人生前所享用的厨房佣人。这尊俑采用高度写实的手法塑造，身前的案上摆放着已经拆解的狗肉、猪肉，造型富于生活化，在静止中表现一位忙碌的厨帅形象。

彩绘跽坐女陶俑

Color painted maid with her knees on the ground

西汉（前206年 - 公元25年）

Western Han Dynasty

(206 B.C.E. – 25 C.E.)

高 36 厘米

陕西省汉阳陵陪葬墓园出土

陕西省考古研究院藏

女俑身穿紧身束腰深衣，仍有“楚王好细腰”的楚文化影响，体现了楚汉之间的文脉相承。俑的袖口、领口等处残留有红色痕迹，推测曾经是华丽衣着的装扮。

彩绘卮（zhī）

Color painted *zhi* wine vessel

汉（前206年 - 公元220年）

Han Dynasty

(206 B.C.E. – 220 C.E.)

高 11.3 厘米

山东省青州市香山汉墓出土

青州博物馆藏

彩绘陶骑俑

Color painted cavalier

汉（前206 - 公元220年）

Han Dynasty

(206 B.C.E. – 220 C.E.)

通高 54 厘米

山东省青州市香山汉墓出土

青州博物馆藏

青州香山汉墓俑在服装、色彩、人物面部塑造等方面保留了较多战国楚俑的制作技法。此俑人物身穿深衣，衣裳施彩绘，面部雕塑出五官，同墓出土的两尊彩绘男立俑则为绘制五官。

彩绘陶女侍俑

Color painted standing maid

汉（前206年 - 公元220年）

Han Dynasty

(206 B.C.E. – 220 C.E.)

通高 40 厘米

山东省青州市香山汉墓出土

青州博物馆藏

彩绘陶男立俑

Color painted standing man

汉（前206年 - 公元220年）

Han Dynasty

(206 B.C.E. – 220 C.E.)

高 56.4 厘米

山东省青州市香山汉墓出土

青州博物馆藏

彩绘陶男立俑

Color painted standing man

汉（前206年 - 公元220年）

Han Dynasty
(206 B.C.E. – 220 C.E.)

高 56.6 厘米

山东省青州市香山汉墓出土

青州博物馆藏

辟邪陶座

Bixie (mythical creature) shaped stand

汉（前206年 - 公元220年）

Han Dynasty

(206 B.C.E. – 220 C.E.)

高 50 厘米，宽 42 厘米，厚 30 厘米

四川省成都市六一一所出土

成都博物馆藏

巴蜀地区孕育了独特的民间信仰与宗教习俗，流传着众多升仙传说。考古发现的摇钱树和瑞兽座正是升仙思想的物证，反映了当时成都地区流行着独特的西王母信仰和昆仑神话传说，以及民众企盼死后得道升仙的美好愿望。这种辟邪座就是升仙思想的反映。辟邪是从西方传入的有翼神兽。

雀龟陶磬座

Terracotta stand to support frame for hunging L-shaped flat stone chimes

汉（前206年 - 公元220年）

Han Dynasty

(206 B.C.E.– 220 C.E.)

高 50 厘米

陕西省汉阳陵陪葬墓园出土

陕西省考古研究院藏

古人信奉“事死如事生”，对帝王而言，陵墓与宫殿不过是转换了生活空间，地下王国的娱乐活动同样丰富多彩。此件陶磬座作为明器，是汉景帝生前宴乐生活真实写照的一角。

漆木盘（2 件）

Lacquered wooden plates

西汉（前206年 - 公元25年）

Western Han Dynasty
(206 B.C.E.– 25 C.E.)

高均为 4 厘米，口径均为 20 厘米
四川省成都市老官山汉墓出土
成都博物馆藏

来源于楚地的汉朝统治者保留了很多楚文化的传统，在漆器工艺上继承并发展了楚国漆器的工艺和审美思想。盘中用绘画的方式表现鸟栖于草地上，突破了以图案为装饰手段的传统。

漆木耳杯（2件）

Lacquered wooden cups

西汉（前206年 - 公元25年）

Western Han Dynasty
(206 B.C.E. – 25 C.E.)

长径均为20厘米，短径均为13厘米
四川省成都市老官山汉墓出土
成都博物馆藏

耳杯的造型和用色继承了春秋战国以来的传统样式，杯底绘凤鸟，形态轻盈，动态优美。用绘画的自然形态作为装饰，而非战国时期的抽象变形图案，体现了人文主义思想逐步占据主导地位。装饰不再反映鬼神思想崇拜，而是自由地表现人们认识的客观世界。

漆木马
Lacquered wooden horse

西汉（前206年 - 公元25年）
Western Han Dynasty
(206 B.C.E – 25 C.E.)
高 95 厘米，长 80 厘米
四川省成都市老官山汉墓出土
成都博物馆藏

早在先秦时期，成都便是漆器制造中心，制作的漆器种类繁多，工艺精湛。西汉时期，成都漆器的生产达到顶峰。秦至西汉初年，于成都城内设“东工”管理漆器生产。西汉景帝、武帝后，又设“西工”加强管理，王莽时改“蜀郡西工”为“成都郡工官”。这件漆木马造型生动逼真，反映了当时圆雕技术的成熟。马的肢体结构准确，反映了秦汉以来的写实传统在雕塑工艺领域的发展。

人头形漆木祖

Lacquered wooden phallus combined with a humanbeing´s head

西汉（前206年 - 公元25年）
Western Han Dynasty
(206 B.C.E – 25 C.E.)
高 12 厘米，宽 8 厘米，长 28 厘米
云南省昆明市羊甫头墓地出土
云南省博物馆藏

云南羊甫头墓地首次发现具有滇文化特色的精美漆木器，也是云南省出土的唯一一批漆木器。其中最引人注目的是一组形象生动、造型各异的漆木祖，体现了对男性生殖器的崇拜，可能还有祭祀巫术等含义，表达了对五谷丰登、人丁兴旺的企盼。

女巫形漆木祖

Lacquered wooden figurine of a witch

西汉（前206年 - 公元25年）
Western Han Dynasty
(206 B.C.E – 25 C.E.)
高 18.8 厘米，长 24.8 厘米
云南省昆明市羊甫头墓地出土
云南省博物馆藏

虎噬人饰铜钺

Bronze *yue* axe with the pattern of a tiger eating a man

西汉（前206年 - 公元25年）

Western Han Dynasty

(206 B.C.E – 25 C.E.)

高 50 厘米，宽 25 厘米

云南省昆明市羊甫头墓地出土

云南省博物馆藏

与中原文化的铜钺有所不同，古滇国的钺并非通过钺身的穿孔捆绑在木柲上，而是将柲前段弯曲插入钺銎孔中。钺銎孔边缘表现了一个虎噬人的场景，可能具有某种宗教巫术含义。此钺原有漆木柄。

孔雀雉鸡饰铜盖尊

Bronze *zun* ware with the design of a peacock and a pheasant

西汉（前206年 - 公元25年）

Western Han Dynasty
(206 B.C.E. – 25C.E.)

通高 53 厘米，腹径 12 厘米，底径 8 厘米
云南省昆明市羊甫头墓地出土
云南省博物馆藏

云南动植物丰富，古滇人创作了大量动物题材器具，体现了某种动物崇拜和自然观。此杯由高体尊盖和尊身组成。盖呈塔式，内部中空，下端饰雉鸡，盖顶饰昂首孔雀，极富地域风情。滇文化发现的铜尊盖上多饰立牛，饰雉鸡和孔雀者目前仅此一件。

鱼形铜杖首饰（2件）

Bronze cane-heads with the design of fish

战国至东汉初期（前475年 - 公元40年）

Warring States Period to Early Eastern Han Dynasty
(475 B.C.E. – 40 C.E.)

高 23.5 厘米，宽 19 厘米

高 26 厘米，宽 22.5 厘米

云南省江川县李家山古墓群出土

云南李家山青铜器博物馆藏

古滇国可能是受了西方权杖影响，进行了因地制宜的再创作，产生了颇具地域特色的仪仗器。这类杖头饰一般都在大型墓中成对放置在长柲兵器中，代表着军权或王权。鱼形铜杖首饰的上端为铜鱼，鱼嘴衔着蛇身，蛇头折回咬向鱼鳃，鱼身和蛇身都做出了精细的鳞纹。鱼胸鳍下悬挂有铃。人俑似裸体，踏在下方的銎上。鱼在滇系青铜器的杖头饰上是常见母题，可能当时的鱼崇拜和权力之间有着某种关联。

三骑士铜鼓

Bronze drum decorated with three cavalier figurines

战国至东汉初期（前475年 - 公元40年）

Warring States Period to Early Eastern Han Dynasty
(475 B.C.E. – 40 C.E.)

通高 46.2 厘米，鼓径 39.7 厘米，口围 138.2 厘米，
腰围 108.4 厘米，足围 157.5 厘米
云南省江川县李家山古墓群出土
云南李家山青铜器博物馆藏

铜鼓是中国西南滇桂地区和东南亚的一种重要乐器，用于宴会、战争、祭祀等重大场合。铜鼓可能起源于炊具釜，当时贵族以占有铜鼓的数量代表自己的权力。这件铜鼓的鼓面上铸有三个骑士和一头牛，骑士头戴鸭嘴形盔，戴有大耳环，身着对襟衫和披肩，真实再现了古滇国武士的风采。骑士的动感与铜鼓鼓点的节奏相配，突出了装饰与功能相符的造物思想。

纺织场面铜贮贝器

Container for storing Cowries-shells with the design of a spinning scene on top

战国至东汉初期（前475年 - 公元40年）

Warring States Period to Early Eastern Han Dynasty
(475 B.C.E. – 40 C.E.)

通高 47.5 厘米，器高 33 厘米，口径 23.9 厘米，底径 25.1 厘米

云南省江川县李家山古墓群出土

云南李家山青铜器博物馆藏

中原地区在东周已以青铜货币替代天然海贝，但云南滇文化地区仍流通贝币。贮贝器用于存放贝币，兼具政治和宗教内涵，流行于汉代的滇文化地区。贮贝器可能从炊器演化而来，与铜鼓同源。器盖往往以写实手法表现古滇国社会的各个方面，诸如杀祭、会盟、集市、建筑、战争、狩猎等等。这件贮贝器反映了古滇国的纺织场景，中心的贵妇人有为其执伞遮阳的女侍从，推测墓主人生前可能为主导纺织生产的贵族妇女。

八人猎虎铜扣饰

Bronze belt hook with pattern of eight men hunting a tiger

战国至东汉初期（前475年 - 公元40年）
Warring States Period to Early Eastern Han Dynasty
(475 B.C.E. – 40 C.E.)
高 6.6 厘米，长 11.8 厘米
云南省江川县李家山古墓群出土
云南李家山青铜器博物馆藏

这件扣饰展现的是古滇国先民庆祝打猎的欢乐场面，一人抱鼓击打，五个喜形于色的猎人手持长矛扛着捕获的老虎凯旋，前来迎接的人献上公鸡和酒坛，将载歌载舞的凯旋场景活灵活现地表现出来。

神兽形金牌饰（1 对）

Mythical-creature-shaped gold ornaments (a pair)

战国至东汉初期（前475年 - 公元40年）
Warring States Period to Early Eastern Han Dynasty
(475 B.C.E. – 40 C.E.)
长均为 11.8 厘米，宽均为 6.6 厘米
云南省江川县李家山古墓群出土
云南李家山青铜器博物馆藏

鹰形金饰片

Eagle shaped gold ornament

西汉（前206年 - 公元25年）

Western Han Dynasty

(206 B.C.E. – 25 C.E.)

通长 6.7 厘米，最宽处 6.2 厘米

新疆维吾尔自治区乌苏市四棵树墓地出土

新疆维吾尔自治区文物考古研究所藏

游牧民族以狩猎为生，鹰是狩猎活动中必不可少的助手。金饰片造型别致，鹰作回首展翅的姿态，尖利的鹰爪张开，散发出浓郁的游牧文化气息。

牦牛金饰件

Yak shaped gold ornament

西汉（前206年 - 公元25年）

Western Han Dynasty

(206 B.C.E. – 25 C.E.)

高 1 厘米，长 2 厘米，宽 1 厘米

新疆维吾尔自治区乌苏市四棵树墓地出土

新疆维吾尔自治区文物考古研究所藏

“魏武王”铭石牌

Stone tablet carved with inscription

东汉晚期至魏晋（220年 - 266年）

The end of Eastern Han Dynasty to Wei and Jin Dynasties (220 C.E. – 266 C.E.)

通高 10.95 厘米

河南省安阳市西高穴曹操高陵出土

河南省文物考古研究院藏

此牌铭刻汉隶“魏武王常所用挌虎短矛”。该墓早在北朝已被盗，但根据孑遗的“魏武王”铭石牌判断此墓主人就是曹操。虽墓葬已被盗，但从残存的其它随葬品来看，曹操墓确属薄葬，体现了东汉末年乱世之下的社会境况。

人形瓷灯

Human being shaped lamp

三国西晋（220年 - 317年）

Three Kingdoms Period to Early Western Jin Dynasty (220 C.E. – 317 C.E.)

高 9 厘米，底座宽 6.5 厘米

浙江省绍兴市禁山早期越窑遗址出土

浙江省文物考古研究所藏

蛙形瓷水盂

Frog shaped water pot

三国西晋（220年 - 317年）

Three Kingdoms Period to Early Western Jin Dynasty (220 C.E. – 317 C.E.)

高 5 厘米，腹径 9 厘米

浙江省绍兴市禁山早期越窑遗址出土

浙江省文物考古研究所藏

仿生塑型是汉代以来的器物造型传统，此器只有蛙背部的管状口与器身相通，可以注水。由于管状部位并不利于观察水位和毛笔的插入，推测此器并非蘸毛笔的水丞，具体用途待考。

青瓷四系水盂

Celadon water pot with four handles

三国西晋（220年 - 317年）

Three Kingdoms Period to Early Western Jin Dynasty (220 C.E. – 317 C.E.)

高 4 厘米，腹径 10 厘米

浙江省绍兴市禁山早期越窑遗址出土

浙江省文物考古研究所藏

水盂造型仿竹篓样式，造型规整，结构严谨，在模拟编织的菱形格内刻画细小的纹饰，在细节上构成两个层次，使器物更为美观。

青瓷虎子

Celadon urine pot

三国西晋（220年 - 317年）

Three Kingdoms Period to Early Western Jin Dynasty (220 C.E. – 317 C.E.)

高 19 厘米，长 22 厘米，宽 13.5 厘米

浙江省安吉市上马山古墓群出土

浙江省文物考古研究所藏

虎子一般认为是夜壶，也有作为水器的说法，多制成兽形。此虎子为“翼狮”形象，身体中部饰有刻划痕迹，表现前肢后的羽翼。

青瓷狮形器

Celadon ware in the form of a lion

三国西晋（220年 - 317年）

Three Kingdoms Period to Early Western Jin Dynasty
(220 C.E. – 317 C.E.)

高 8.7 厘米，长 11.5 厘米，宽 6.5 厘米

浙江省安吉市上马山古墓群出土

浙江省文物考古研究所藏

汉代瓷器效仿前代器物，除了日用的碗、盘、碟、瓶等之外，还有大量动物造型。此器曾被认为是烛台，但没有蜡扦，且没有盛蜡油的容器，用作灯具的可能性不大，可能是毛笔蘸水用的水丞。

青瓷魂瓶

Celadon pot with the design of a garner

三国西晋（220年 - 317年）

Three Kingdoms Period to Early Western Jin Dynasty
(220 C.E. – 317 C.E.)

高 33 厘米，口径 17.5 厘米，腹径 25 厘米，底径 16 厘米

浙江省安吉市上马山古墓群出土

浙江省文物考古研究所藏

魂瓶是宗教性质的明器，又称魂亭、谷仓罐，由东汉五联罐演变而来，形状如坛。上部堆饰亭台房屋、人物、动物，均以手捻成，堆贴为饰。所堆之物有子孙繁衍、六畜繁息之意。

仙人骑狮铜器

Bronze ware in the form of an immortal deity riding on a lion

西晋（265年 - 317年）

Western Jin Dynasty
(265 C.E. – 317 C.E.)

高 19 厘米，宽 9 厘米，兽身长 13.5 厘米
山东省临沂市洗砚池晋墓出土
临沂市博物馆藏

有翼神兽的形象源自中西亚。自东汉起，有翼神兽的题材在中国逐渐增多。这类神兽以是否有角及角的多少被分为天禄、辟邪和麒麟，是当时信奉的瑞兽，被认为具有祓除不祥的神力，亦可镇守陵墓，护佑墓主灵魂升天。这件器物可能用于表现仙人骑坐神兽畅游或者接引墓主灵魂升天的情形。

煤精雕刻小兽（3件）

Black carbon stones carved in the shape of a beast

西晋（265年 - 317年）

Western Jin Dynasty

(265 – 317)

高 2.2-2.5 厘米，长 3.1-3.5 厘米，宽 2.0-2.2 厘米

山东省临沂市洗砚池晋墓出土

临沂市博物馆藏

煤精又称煤玉，是黑色不透明的有金属光泽的有机宝石，是褐煤的变种。三国两晋时期，用煤精制作的雕塑作品增多。

琥珀兽

Beast made out of amber material

西晋（265年 - 317年）

Western Jin Dynasty

(265 C.E. – 317 C.E.)

高 0.5 厘米，长 1.2 厘米，宽 0.9 厘米

山东省临沂市洗砚池晋墓出土

临沂市博物馆藏

琥珀是松脂的石化产物，汉代人认为以琥珀制成的“射魃(jì)”和“辟邪”等小兽具有避邪功能。汉晋时期有大量的琥珀从云南和西域进口，被制成各种小型串饰和兽形雕饰。

金步摇
Gold head wear

西晋（265 年—317 年）
Western Jin Dynasty
(265 C.E. – 317 C.E.)
通高 18 厘米，宽 17.6 厘米；
牌座高 4.5 厘米，宽 4.8 厘米
辽宁省北票喇嘛洞鲜卑贵族墓地出土
辽宁省文物考古研究所藏

步摇为头饰或帽饰，垂挂宝珠或金箔，当人走动时随着步伐摇动，故名“步摇”。此件金步摇是树枝状，枝头悬挂叶片形金箔，走动时叶片和细枝条摇动，如风吹枝叶的意境。

双鹿纹金牌饰

Gold plate with double-deer pattern

魏晋十六国时期（220年 - 439年）

Wei and Jin Dynasties to Sixteen Kingdoms Period

(220 C.E. – 439 C.E.)

长 10.2 厘米，宽 7.8 厘米

辽宁省北票喇嘛洞鲜卑贵族墓地出土

辽宁省文物考古研究所藏

这种牌饰一般出土在鲜卑墓葬墓主的腰腹部，可能是服饰，其纹饰与驰骋在欧亚草原上的北方民族生活息息相关。这件牌饰用凝练抽象的线条表现出鹿相对站立的形态，夸张的鹿角和健硕的身姿具有鲜卑文化特色。鲜卑文化尚鹿，可能与图腾崇拜或是镇墓有关。

鎏金铜耳坠（1 对）

Gilded bronze earrings (a pair)

十六国时期（304年 - 439年）

Sixteen Kingdoms Period

(304 C.E.– 439 C.E.)

通高 5.5 厘米，环外径 2.5 厘米，环厚 0.6 厘米

辽宁省北票喇嘛洞鲜卑贵族墓地出土

辽宁省文物考古研究所藏

陶乐俑（2件）
Musicians

十六国时期（304年 - 439年）
Sixteen Kingdoms Period
(304 C.E. – 439 C.E.)
通高均为28厘米
陕西省西安市硅片厂出土
西安市文物保护考古研究院藏

音乐在中国艺术中始终伴随着审美和社会的变迁，从宴饮、祭祀，到休闲、娱乐，都离不开音乐。乐俑塑造的是专职乐师形象，其中一人怀抱弦乐器，可能是阮或者月琴；另一人双手合聚在嘴前作吹奏状。十六国时期，北方民族建立的政权接受了汉文化，音乐艺术在这个阶段融合了中原文化与北方草原文化。

玉剑具（1套）

Set of jade accessories decorated on the sword and sheath

东晋（317年 - 420年）

Eastern Jin Dynasty
(317 C.E. – 420 C.E.)

江苏省南京市仙鹤观高崧家族墓出土

南京市博物总馆藏

一套完整的玉剑具由剑首、剑茎、剑格、剑璏 (zhì) 和剑珌 (bì) 组成，前三者装配于剑柄，后两者装配于剑鞘。这套玉剑具在墓主左腰侧，依然保持着两汉时期的装配方式，但剑已不存。从顾恺之的画作上看，此时佩戴方式与两汉已有差别。这套玉剑具的四个部分分别属于两汉不同的时代，体现出魏晋时期对于两汉文化的继承。

玉组佩

Set of jade pendants

东晋（317年 - 420年）

Eastern Jin Dynasty

(317 C.E. – 420 C.E.)

江苏省南京市仙鹤观高崧家族墓出土

南京市博物总馆藏

魏晋时期失去对西域的控制，上乘的和田玉进入中原受阻。这一时期的玉组佩由以璜为主体，变为以蝙蝠形珩 (héng) 为主体，搭配的璜也从横置变为竖置。玉料不如两汉，其间还出现了颇具异域风情的琥珀及其他宝石制品，玛瑙或绿松石珠的比例增加。在传世的宋摹本顾恺之《洛神赋》画卷上能看到这种组佩的状态。

心形玉佩

Jade pendant

东晋（317年—420年）

Eastern Jin Dynasty

(317 C.E. – 420 C.E.)

外径 8.8 厘米

江苏省南京市仙鹤观高崧家族墓出土

南京市博物总馆藏

东周之后，随着贵族阶层的没落，韘的功能逐渐从挽弓变为饰物，形态变得扁平，在两汉时期发展为韘形佩，因形似鸡心又被称之为鸡心佩。

刺绣皮底矮靴

Embroidered boots with leather soles

汉晋（前206年－公元420年）

Han Dynasty to Jin Dynasty

(206 B.C.E. – 420 C.E.)

长 28 厘米，后跟宽 10 厘米，前宽 12 厘米

新疆维吾尔自治区和田地区民丰县尼雅墓地出土

新疆维吾尔自治区文物考古研究所藏

该双矮靴以毛毡和红色毛织物作为主要面料，靴面采用锁绣和网绣刺绣工艺，描绘了富有规律性的几何纹图案。靴底由整块皮子剪裁而成，鞋后跟包裹织锦，鞋帮其余部分皆包裹一层皮子，使鞋子增加了耐磨性，并以钉线绣技法，在皮子和毛织鞋面交界处钉缝了一条装饰线。从靴子的选料与装饰内容来看，应为贵族在室内走在地毯上所穿，毛毡和毛织物用来保暖，皮革加固、耐磨，兼顾了实用与美观。这双鞋子属于新疆尼雅墓地的一位身份高贵的男性。

汉字动物纹织锦枕套

Cotton made pillowcase embroidered with Chinese characters

汉晋（前206年 - 公元420年）

Han Dynasty to Jin Dynasty
(206 B.C.E. – 420 C.E.)

长 54 厘米，宽 34 厘米

新疆维吾尔自治区和田地区民丰县尼雅墓地出土

新疆维吾尔自治区文物考古研究所藏

枕套面料为织有文字和动物纹样的织锦，主体图案为动物纹，包括虎扑羊、长翅独角兽和双角兽等图案。动物纹之间穿插铭文“韩侃吴宰锦友士”字样，文字似为装饰并无具体含义。枕套颜色保存非常完好，蓝、绿、红、白、黄五色清晰可辨。该类织锦枕套是新疆地区贵族墓葬中常见之物，能够穿越千年保存如此完好，与新疆地区的气候和地理条件密不可分。

动物纹织锦栉（zhì）袋

Pouch for carrying fine-toothed comb

汉晋（前206年 - 公元420年）

Han Dynasty to Jin Dynasty

(206 B.C.E. – 420 C.E.)

长 12 厘米，宽 10 厘米

新疆维吾尔自治区和田地区民丰县尼雅墓地出土

新疆维吾尔自治区文物考古研究所藏

栉本义是梳子和篦子的总称，这件出土于新疆尼雅遗址的栉袋，可视为当时女士的“化妆包”。栉袋正面采用织锦工艺，刻画了多种动物形象，外侧装饰绢带，用于携带或悬挂。栉袋内部有木梳和木篦各一。这件栉袋曾悬挂树枝上，插放于墓主人身边，连同其他悬挂的遗物，判断皆为墓主人生前所爱之物。

刺绣手套

Embroidered cotton glove

东汉（25年 - 220年）

Eastern Han Dynasty

(25 C.E. – 220 C.E.)

长 19 厘米，宽 12 厘米

新疆维吾尔自治区巴音郭楞蒙古自治州若羌县

罗布泊楼兰壁画墓出土

新疆维吾尔自治区文物考古研究所藏

手套出土于罗布泊楼兰壁画墓，以白色细绢为材，周身采用锁绣工艺刺绣云气纹。局部纹样采用同色系深浅三色丝线刺绣，形成渐变色彩，极富巧思。手套所运用的锁绣针法为汉代典型刺绣针法，所绣云气纹也是汉代最为常用的刺绣纹样，应是出自汉地绣工的手艺。

金耳环

Gold earring

汉晋（前206年 - 公元420年）

Han Dynasty to Jin Dynasty

(206 B.C.E. – 420 C.E.)

通长 6 厘米

新疆维吾尔自治区伊犁州巩留县山口水库墓地出土

新疆维吾尔自治区文物考古研究所藏

耳环下方吊坠黑色宝石，其上刻划的金质三羊头分别朝向三个方向，极富立体感。

串饰

A string of beads

汉晋（前206年 - 公元420年）

Han Dynasty to Jin Dynasty

(206 B.C.E. – 420 C.E.)

长径 22 厘米，短径 16 厘米

新疆维吾尔自治区和田地区民丰县尼雅墓地出土

新疆维吾尔自治区文物考古研究所藏

蹀躞（dié xiè）金玉带
Jade belt plaques

隋（581年 - 618年）
Sui Dynasty
(581 C.E. – 618 C.E.)
长径 54 厘米
江苏省扬州市曹庄隋唐墓（隋炀帝墓）出土
扬州市文物考古研究所

蹀躞一词本意是小步快跑。蹀躞带就是可以悬挂小工具、饰品的腰带，因挂物而不能快跑，故而得名。蹀躞带起源于北方草原文化，从南北朝时期开始流行于汉地，是文明交流的产物。隋唐时代，玉带是官阶地位的标志，以金玉结合的方式最为尊贵。隋炀帝墓出土的蹀躞金玉带是目前国内唯一一件完整的十三环蹀躞带，属带具系统中的最高等级。

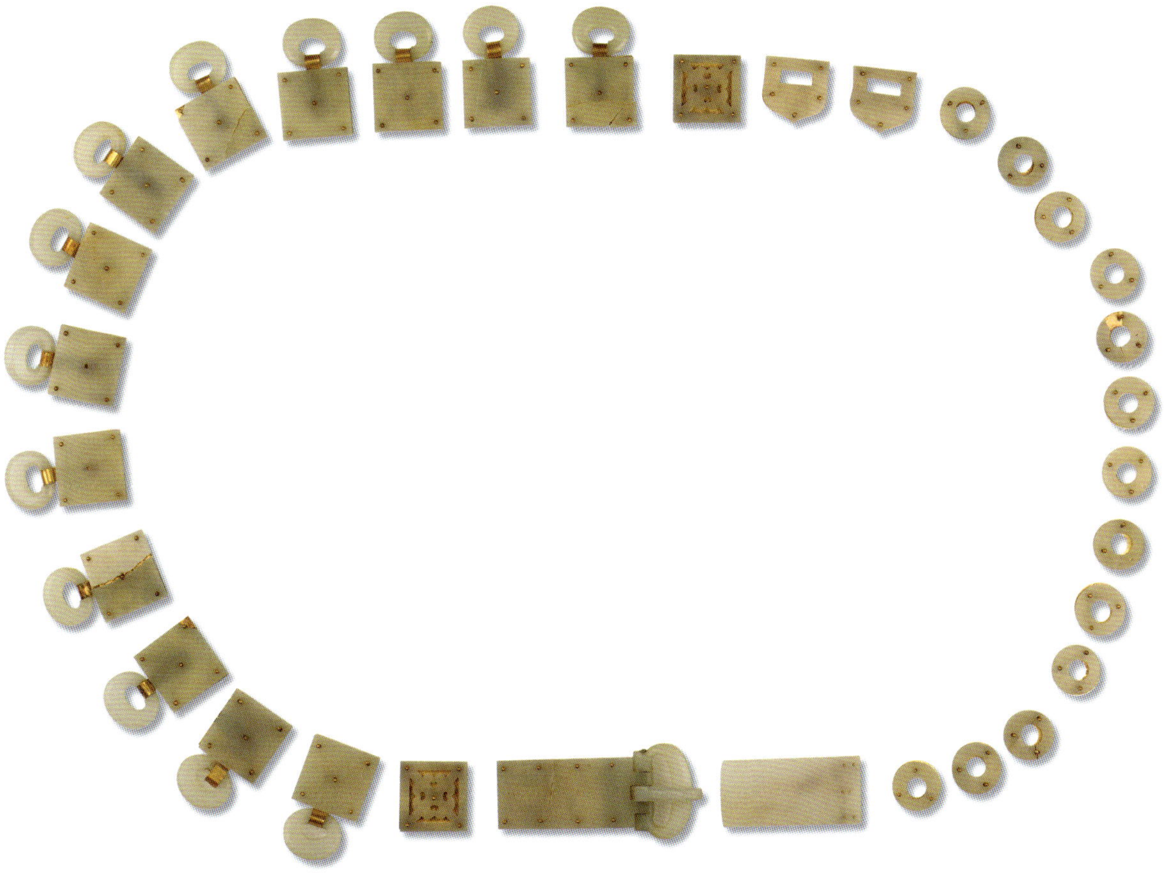

鎏金铜铺首（4件）

Gilded bronze door knockers in the shape of a beast head

隋（581年 - 618年）

Sui Dynasty

(581 C.E. – 618 C.E.)

均长 36 厘米，宽 26 厘米

江苏省扬州市曹庄隋唐墓（隋炀帝墓）出土

扬州市文物考古研究所

根据出土的“隋故炀帝墓志”，结合文献记载和牙齿鉴定结果，判断此墓为隋炀帝墓，系唐太宗李世民为隋炀帝重新迁葬之处。该墓虽曾被盗，但仍出土 200 余件珍贵文物，帝王之气不减。例如这套铜铺首为目前所见最大的鎏金铜铺首，应为宫门所用，将之随葬体现“事死如事生”。

青瓷辟雍砚

Celadon *piyong* inkstone

隋（581 年 - 618 年）

Sui Dynasty
(581 C.E. – 618 C.E.)

高 7.5 厘米，口径 25.5 厘米

江苏省扬州市曹庄隋唐墓（隋炀帝墓）出土

扬州市文物考古研究所

辟雍本为周天子所设大学，校址圆形，围以水池。东汉之后，历代中央政府均设辟雍，以宣儒家礼乐。此砚造型仿辟雍形制，砚面无釉露胎，由胎色可知此砚可能并未使用，或是专门作为陪葬明器烧造。

青花人物、花卉纹塔式罐（2件）
Blue and white ceramic pots in the shape of a pagoda

唐（618年 - 907年）

Tang Dynasty
(618 C.E. – 907 C.E.)

通高 45-46 厘米，
腹径 18 厘米，
底径 16-17 厘米
河南省郑州市上街区峡窝出土
郑州市文物考古研究院藏

塔式罐由于造型如印度佛塔而得名，佛塔原为供奉佛或高僧的舍利供人礼拜之用。唐代塔式罐为死者提供了在地下继续礼佛的用具。这两尊塔式罐以氧化钴为呈色剂，罐身用青花描绘花卉和类似玩“步打球”的人物，笔画简洁，并非高级画工的作品。唐青花是中国最早的青花瓷，据考证大多数为河南巩义窑的产品。

花卉塔式罐

人物塔式罐

陶鸱吻

Architectural part on roof ridge

唐（618年 - 907年）

Tang Dynasty

(618 C.E. – 907 C.E.)

高 81 厘米，长 65 厘米，宽 30 厘米

陕西省蒲城县唐泰陵东门遗址出土

陕西省考古研究院藏

唐泰陵是唐玄宗李隆基的陵墓。该件鸱吻发掘于唐泰陵陵园城垣东南角阙基址，灰陶质地，表面贴塑纹饰。尾翼竖起，翼面外侧装饰鳍状纹，内侧贴饰乳钉纹，底部为张口龙首形象，上吻翻卷上竖，獠牙锋利，龙口内有一圆孔，用来与正脊连接。通过鸱吻体量可窥见唐代宫殿建筑的宏伟气度，鸱吻的造型风格也体现了唐代多元文化的交流与融合。

凤鸟衔枝鎏金银钗
Gilt silver hairpin with parrot pattern

唐（618年 - 907年）
Tang Dynasty
(618 C.E. – 907 C.E.)
通高 20 厘米
陕西省西安市长安西紫薇花园墓地出土
陕西省考古研究院藏

银钗上的双凤尾羽呈浪花式花鸟嫁接形态，源自创始于笈多时代的中印度花鸟嫁接式图像。这种图像在初唐时传入并迅速中国化，其形象一度流传到五代十国后期，此后在元代文物上再次出现。这种图像的出现与对外交往息息相关，是丝路文化交流的见证。

鎏金铜龙

Gilt bronze dragon

唐（618年 - 907年）

Tang Dynasty

(618 C.E. – 907 C.E.)

高 15 厘米，长 25 厘米

河南省洛阳市关林大道出土

洛阳市文物考古研究院藏

此龙体态细长做走动状，四足纤细，躯干与四肢有鳞片。此器与北京史思明墓出土的铜坐龙造型相仿，并非中国传统文化中龙的形象，或与西域文化有关。

银鎏金嵌背菱花铜镜

Gilt bronze mirror

唐（618年 - 907年）

Tang Dynasty

(618 C.E. – 907 C.E.)

直径 5 厘米

陕西省西安市东郊西北国棉五厂墓地出土

陕西省考古研究院藏

在隋唐至五代铜器工艺中，铜镜最为兴盛，唐代铜镜除装饰花鸟瑞兽纹样之外，还有螺钿、宝钿、金银平脱、金背、银背等高级装饰手法。此镜即用整片银片鎏金镶嵌在铜镜背面。已知的金背镜、银背镜轮廓均为菱花形，应是因菱花的棱角更易固定镶嵌金片、银片，反映了工艺技术与造型设计的关系。

花鸟纹铜镜

Bronze mirror with flower-and-grass pattern

唐（618年 - 907年）

Tang Dynasty
(618 C.E. – 907 C.E.)

直径 18 厘米
陕西省西安市世家墓地出土
西安市文物保护考古研究院藏

此镜背面以钮为中心，呈中心对称式排列花卉、喜鹊、蝴蝶各两对，富于自然情趣。唐镜的图案装饰在格式上突破了汉魏以来的格律形式，转而追求动态平衡、画面感更强烈的自由形式。

(二)悲愿无尽
Localization Expressed in the Buddhist Art

或依悲愿，相应善心。

——唐·玄奘译《唯识论·卷四》

佛教于汉代从印度传入中国。在汉末以降的长期战乱分裂中，普渡悲悯的佛教得到了广泛传播，至唐代完成了中国化。以禅宗为代表的本土教派将传统哲学智慧推向了新的高峰，佛教艺术也逐步本土化、世俗化，融入中华艺术的大潮中。佛教与佛教艺术的本土化过程，是中华文明无以伦比的聚合力的典型印证。

贴金彩绘石雕左胁侍菩萨像

Carved statue of Bodhisattva

东魏（534年 - 550年）

Eastern Wei Dynasty

(534 C.E. – 550 C.E.)

高 36 厘米，宽 35 厘米，厚 20 厘米

山东省青州市龙兴寺佛教造像窖藏出土

青州博物馆藏

该佛教造像为一铺三身背屏式造像的左胁侍菩萨。面含微笑，丹凤目，头顶饰一环形花冠，额前长发梳成五个圆瓣，脑后长发分成两条发辫沿双肩垂至上臂，并在双肩部各饰一圆形发卡。颈佩贴金项圈、璎珞，身着天衣，披帛沿双肘下垂。衣饰黑彩，头光浮雕莲花。

贴金彩绘石雕佛菩萨三尊像

Carved statue of Buddha and Bodhisattvas

东魏（534年 - 550年）
Eastern Wei Dynasty
(534 C.E. – 550 C.E.)
高 44 厘米，宽 42 厘米，厚 10.7 厘米
山东省青州市龙兴寺佛教造像窖藏出土
青州博物馆藏

高浮雕背屏式三尊像，石灰石质。主尊螺发，面相清瘦， 呈微笑状 。体态修长，着褒衣博带式袈裟，饰头光和身光。二胁侍着高冠，宝缯垂肩。右胁侍袒上身，饰帔（pèi）帛与长裙，手执净瓶与莲蕾。左胁侍佩项圈，饰帔帛、璎珞、长裙，手执莲蕾与桃形物。二胁侍均跣足立于龙托起的莲花台座上。

贴金彩绘石雕佛坐像

Carved sculpture of Buddha

北齐（550年 - 577年）

Northern Qi Dynasty
(550 C.E. – 577 C.E.)

高 65 厘米，宽 25.5 厘米，厚 19 厘米
山东省青州市龙兴寺佛教造像窖藏出土
青州博物馆藏

该造像肉髻不突出，面形丰圆，衣服质感轻薄，衣纹线条疏朗。根据善跏趺坐姿，推测其为弥勒佛。弥勒信仰兴起于南北朝时期。整体贴金和彩绘保存较完好。

千佛及骑马人壁画

Mural painting depicting Buddhas and horsepeople

唐（618年 - 907年）

Tang Dynasty

(618 C.E. – 907 C.E.)

长 106 厘米，宽 54 厘米

新疆维吾尔自治区丹丹乌里克佛寺遗址出土

新疆维吾尔自治区文物考古研究所藏

壁画上部残存三排千佛。画面下部即第四排绘有一列骑马人物，应为供养人形象。其中第四身人物最为清晰，头具圆形背光显示高贵身份。右手所持盏形器皿也见于中亚地区片治肯特遗址壁画宴饮图中。画面比例准确，表情生动，用线流畅，造型精熟，人物鞍马富有动感，绘制水平较高。

鎏金银阿育王塔
Gilt silver made Ashoka pagoda

五代吴越国（907 年 - 978年）
Kingdom of Wuyue during the Five Dynasties Period
(907 C.E. – 978 C.E.)
高 35 厘米，底座边长 13 厘米
浙江省杭州市雷峰塔地宫出土
浙江省博物馆藏

阿育王塔指塔的一种形式，因其仿印度阿育王所造的八万四千塔得名。此塔与所有阿育王塔形制一致，自下而上分为五个部分，即方形底座、方形塔身、塔身四角耸立的四片山花蕉叶、塔身正中所立相轮和相轮之上的塔刹。塔身多处雕有佛像和佛教纹饰，主要为佛本生故事和佛传故事。吴越国末代国王钱俶 (chù) 为供奉释迦牟尼髻发而建雷峰塔，这件阿育王塔就出土于雷峰塔地宫内。

铜鎏金释迦牟尼佛说法像

Statue of Shakyamuni in preaching

五代吴越国（907年 - 978年）

Kingdom of Wuyue during the Five Dynasties Period
(907 C.E. – 978 C.E.)

通高 68 厘米

浙江省杭州市雷峰塔地宫出土

浙江省博物馆藏

此像头饰螺发，头顶现高肉髻，面相圆润清秀，双目微闭，神态温和。衣纹流畅柔软，表现了衣服轻薄的质感，突出了躯体的雄健感。火焰状背光表现了佛陀的神性。身下台座最上部为仰莲座，中间是一条龙，下部是镂空台座，造型奇特、寓意深刻，体现了佛教与中国文化的完美结合。像身延续了唐代造像典雅端庄的余韵，又充盈着东南沿海地区秀丽清雅的文化气质，体现了鲜明的时代艺术气息。

鹦鹉纹鎏金银腰带

Gilt silver made belt with parrot pattern

五代吴越国（907年 - 978年）

Kingdom of Wuyue during the Five Dynasties Period (907 C.E. – 978 C.E.)

通长 68 厘米

浙江省杭州市雷峰塔地宫出土

浙江省博物馆藏

腰带由 13 块銙板组成，重达 475 克。銙板背面焊有银钉嵌入皮革内，正面錾刻千姿百态的鹦鹉纹，生动传神。銙板工艺技法特色鲜明，纹饰分为三层，地子上錾刻珍珠地纹，鹦鹉纹凸起于珍珠地上。珍珠地纹排列规则，规矩纹饰和自由图案相互映衬。扣身背面刻有“弟子陈承裕敬舍身上要带入宝塔内”。

“千秋万岁”铭鎏金银盒

Gilt silver made box engraved with inscription

五代吴越国（907年 - 978年）

Kingdom of Wuyue during the Five Dynasties Period (907 C.E. – 978 C.E.)

高 14 厘米，口径 20.6 厘米

浙江省杭州市雷峰塔地宫出土

浙江省博物馆藏

银盒通体鎏金，盖面以一对衔草飞翔的凤凰为主体，凤尾弯卷与周边錾刻的缠枝牡丹花相融，造型来源借鉴了随佛教东传的印度笈多王朝的凤尾形象。四面等距分布楷书“千秋万岁”，最外圈以如意云纹作为边饰，盒盖与盒身的侧面錾刻两圈缠枝牡丹纹。银盒将“百鸟之王”凤凰与“百花之王”牡丹巧妙地融合在一起，在精心营造的吉祥富贵气氛中，四周錾刻吉祥语，是繁荣昌盛、幸福美满的象征。

“千秋万岁”铭鎏金银垫

Gilt silver made pad engraved with inscription

五代吴越国（907年 - 978年）

Kingdom of Wuyue during the Five Dynasties Period (907 C.E. – 978 C.E.)

直径 26 厘米

浙江省杭州市雷峰塔地宫出土

浙江省博物馆藏

整器从内到外分为三层纹饰。正中为方孔圆钱形，上面为对铭“千秋万岁”，之外一周为莲池鸳鸯图，最外为忍冬纹与六只鸿雁，两周纹饰以连珠相隔。器物以鸳鸯和鸿雁为主体纹饰，衬以四方连续的缠枝纹，纹饰间空隙以镂空手法出之，又以单线连珠纹相分隔，在镂空留白中增加了整体器物的稳定感。全器表现出主次分明、轻重有别、虚实相间的艺术美感。

玉观音菩萨坐像

Jade sitting statue of Avalokitesvara Bodhisattva

五代吴越国（907年 - 978年）

Kingdom of Wuyue during the Five Dynasties Period

（907 C.E. – 978 C.E.）

高 3.9 厘米，宽 2 厘米

浙江省杭州市雷峰塔地宫出土

浙江省博物馆藏

“开元通宝”玉钱

Jade coin inscribed with KaiYuanTongBao (circulating treasure of the beginning of an era)

五代吴越国（907年 - 978年）
Kingdom of Wuyue during the Five Dynasties Period
(907 C.E. – 978 C.E.)
直径 2.5 厘米，厚 0.3 厘米
浙江省杭州市雷峰塔地宫出土
浙江省博物馆藏

唐高祖李渊于 621 年废止流通了八百余年的五铢钱，发行开元通宝，至北宋初停铸。“开元”意思就是开国，和唐玄宗李隆基的年号没有关系。中国古代素有铸造金钱、银钱作为赏赐庆吉之用的传统，此枚玉钱也是为了供奉，寓意吉祥。

善财童子玉立像

Jade standing statue of Sudhanakumara

五代吴越国（907年 - 978年）
Kingdom of Wuyue during the Five Dynasties Period
(907 C.E. – 978 C.E.)
高 9 厘米，宽 4.5 厘米，厚 0.7 厘米
浙江省杭州市雷峰塔地宫出土
浙江省博物馆藏

童子面部刻画清晰，羽状眉，丹凤眼，大鼻小嘴，戴耳环。身着广袖宽衣，手腕缠臂金，腰间系带，衣饰米字纹。双手插于腰间，头向下张望，衣衫随风飘逸，一副天真烂漫之态。童子在佛教中有二义：一为菩萨将后补佛位，如王子将继承帝位；二为菩萨持戒清净，如童子童真无邪，没有贪欲。莲花在佛教中是清净无染的象征。可见莲花与童子结合具有非常圣洁美好的寓意。

四

和合能谐（宋元明清）

畜之以道则民和，养之以德则民合。和合故而能谐，谐故能辑。

——战国·管仲《管子·兵法》

汉唐门阀士族的衰落与科举制度的成熟发展，使宋元明清时期的文人渐趋平民化。以宋明理学为代表的新儒学继承了东周以来的儒学思想，并融合了儒、释、道三教哲义，对包括文化艺术在内的社会各领域都产生了深远影响。文人艺术与市民艺术互相影响渗透，又各领风骚。繁荣的商业经济与工艺技术革新，成为艺术发展的助推力。

Social Development and Ideological Progress

More and more people with lower social class backgrounds had been given chance to access scholar-official group in the society since Song throughout Yuan and Ming up to Qing dynasties. The formation of neo-Confucianism represented by Song-Ming Rational Idealism was deeply influenced by Buddhism and Taoism with respect to its philosophical thinking as well as ideological thought. This new ideological reformation produced effects on every aspect in social life including art and culture. Some aesthetic values were shared in the works of art that were created either by the scholar-official people or by ordinary ones. The economic growth and technological innovation were functioned as an engine to ensure the artistic existence to move on to the next stage.

(一) 天真笔意

Literati and Folk Culture

观画之法，……先观天真，次观笔意。

——宋·汤垕《画鉴》

宋元明清时期，身份与精神均逐渐独立的文人阶层成为主导社会意识与风尚的中坚力量。这时期文人艺术对后世最大的影响莫过于表达主观意兴情绪的山水意境，借形寄意、以物寄情，以心灵映射万象，代山川而立言，将中国传统艺术饱含寓意象征的内涵美推向新的高峰。平民化的出身又使这时期的文人艺术少了贵族气派，更关注世俗人情、贴近平民文化。

耀州窑青釉瓜棱注壶、莲花温碗

Yaozhou celadon ewer with a handle

北宋（960年 - 1127年）

Northern Song Dynasty
(960 C.E. – 1127 C.E.)

高 28 厘米，宽 15 厘米，底径 8 厘米
陕西省蓝田县吕氏家族墓出土
陕西省考古研究院藏

这是一套温酒器，由装酒的注壶与温酒的温碗组成，是宋、辽、金流行的酒具，当时酒壶又称注子。这套温酒器的注壶壶身为 16 瓣瓜棱形，壶盖为狮形纽，温碗做 16 瓣莲瓣式，足壁有镂空花纹。这套酒具釉色青中泛灰，釉面布满细碎的开片纹，整体造型给人以端庄、优雅、含蓄的感觉，体现了宋代文人精致而不奢侈张扬的生活风气。

耀州窑青釉刻花盖碗
Yaozhou celadon bowl with a lid

北宋（960年 - 1127年）
Northern Song Dynasty
(960 C.E. – 1127 C.E.)
高 8 厘米，直径 10 厘米
陕西省蓝田县吕氏家族墓出土
陕西省考古研究院藏

吕氏家族墓地出土大量考究精美的茶器，体现了墓主人的文人身份与雅好，也说明了宋代茶文化的盛行。此盖碗腹部刻折枝牡丹纹，盖纽为生动活泼的蜷伏小兽，盖面刻牡丹叶纹，纹饰布局合理，繁而不乱，刻工刀锋犀利，深浅有致。刻花深处积釉，釉色深绿温润。这种造型的盖碗是该时期的流行器型。

白釉盏及盏托
White glaze cup and saucer

宋（960年 - 1271年）
Song Dynasty
(960 C.E. – 1271 C.E.)
通高 7 厘米，盏口径 11 厘米
陕西省西安市曲江张达夫元墓出土
西安市文物保护考古研究院藏

这一套盏与盏托为茶具。茶盏的造型与饮茶方式密切相关。宋元时期流行“点茶”，将茶碾成末状，饮用时连茶末一起喝下，因此茶盏口沿较宽、深度较浅，便于观察注水情况。此盏为宋代瓷器，被元代士大夫收藏随葬，体现了元人对宋瓷的喜爱。

耀州窑青釉刻花渣斗
Yaozhou celadon spittoon

北宋（960年 - 1127年）
Northern Song Dynasty
(960 C.E. – 1127 C.E.)
高 10 厘米，口径 20.8 厘米
陕西省蓝田县吕氏家族墓出土
陕西省考古研究院藏

耀州窑瓷器是宋代北方青瓷的代表，装饰手法以刻花和印花为主，刀法刚劲有力，立体感较强，有“刀刀见泥”的美称。渣斗又名唾壶，起源于晋代，用于盛装唾吐物，特征为大口扁腹。这件渣斗口沿内刻折枝牡丹纹，外沿为篦划纹，外腹刻两重尖瓣仰莲纹，刻花流畅，技术精湛，代表了耀州窑刻花技艺的巅峰水平。

酱釉葵口碗
Brown glaze bowl

北宋（960年 - 1127年）
Northern Song Dynasty
(960 C.E. – 1127 C.E.)
高 6 厘米，口径 18 厘米
陕西省蓝田县吕氏家族墓出土
陕西省考古研究院藏

蓝田吕氏是北宋名门望族，在政界文坛均地位显赫。吕大防在哲宗时任尚书左仆射（相当于丞相），吕大临是著名的金石学家，曾编纂《考古图》，吕大忠和吕大钧在碑学方面颇有造诣。兄弟四人皆登及第，并称蓝田吕氏四贤。吕氏家族墓是迄今已发掘的最完整的古代家族墓园，出土文物以瓷器为大宗，真切反映了宋代文人生活。

“尚食局”款刻龙纹白釉碗

White glaze bowl with Shang Shi Ju (Imperial Food Bureau) mark

北宋（960年 - 1127年）

Northern Song Dynasty
(960 C.E. – 1127 C.E.)

高 8.4 厘米，口径 15.9 厘米，足径 7 厘米

河北省曲阳市定窑遗址出土

河北省文物研究所藏

内底刻团龙纹，外壁刻划龙纹，口沿下刻楷书“尚食局”三字铭文。尚食局是宫廷内掌管膳食的机构，北朝开始设立。瓷器中只见到定窑白瓷上刻有“尚食局”铭文，多在碗盘等食器上刻铭，应是专门为宋朝宫廷烧造的。

“东宫”款白釉划花龙纹盘

White glaze dish incised with dragon pattern

北宋（960年 - 1127年）
Northern Song Dynasty
(960 C.E. – 1127 C.E.)
高 6 厘米，口径 25 厘米
河北省曲阳市定窑遗址出土
河北省文物研究所藏

此盘内壁刻团龙戏珠纹，胎体薄而细腻，釉色滋润，属于定窑瓷器中的细白瓷。外底刻“东宫”款，见证了定窑为官府乃至北宋宫廷烧造瓷器的历史。

“尚药局”款白釉盒

White glaze box with Shang Yao Ju (Imperial Medical Bureau) mark

北宋（960年 - 1127年）

Northern Song Dynasty
(960 C.E. – 1127 C.E.)

高 23 厘米，口径 17.7 厘米，底径 13.3 厘米

河北省曲阳市定窑遗址出土

河北省文物研究所藏

尚药局掌管药剂问诊事宜，与尚食局同属宋代宫廷下设的六局。此盒的“尚药局”款显示它亦为一件宫廷用器，可能是药盒。北宋定窑白瓷的胎体中铝含量较高，胎质坚硬，白釉隐显米黄，类似象牙白。胎釉特点赋予了定窑瓷器温润如玉、清新纯净的艺术效果，符合宋人典雅素淡的艺术审美潮流。

白釉弦纹三足炉

White glaze tripod censer

北宋（960年 - 1127年）

Northern Song Dynasty
(960 C.E. – 1127 C.E.)

高 7.5 厘米，口径 11.5 厘米

河北省曲阳市定窑遗址出土

河北省文物研究所藏

此炉造型系仿汉代酒器三足樽。宋代文人文化与金石学的兴盛发展使得仿古之风颇为盛行。

白釉梅瓶

White glaze *meiping* vase

北宋（960年 - 1127年）

Northern Song Dynasty
(960 C.E. – 1127 C.E.)

高 24 厘米，口径 5 厘米，足径 7.5 厘米

河北省曲阳市定窑遗址出土

河北省文物研究所藏

梅瓶以口小只能插入梅枝而得名，在宋代用作酒器。

汝窑天青釉莲花式温碗

Azure glaze and lotus shaped Ru bowl to warm up wine cup

北宋（960年 - 1127年）

Northern Song Dynasty
(960 C.E. – 1127 C.E.)

高 10.2 厘米，口径 15.4 厘米，底径 8 厘米
河南省宝丰县大营镇清凉寺村出土
河南省文物考古研究院藏

宋瓷是我国制瓷艺术史上的绚丽篇章。宋代审美呈现出内向、含蓄、淡雅的特点，对单色釉十分推崇，将瓷器的胎釉之美发挥到了极致。汝窑为宋代“五大名窑”之首，汝窑瓷器是这种审美风格的最佳代表。汝窑釉色模仿“雨过天青云破处”的颜色，蓝中透绿，朴素淡雅，在纯朴中蕴有清旷含蓄的意境，呈现出似玉非玉的质感美。

汝窑天青釉折肩瓶

Azure glaze and lotus shaped Ru vase with folded shoulder

北宋（960年 - 1127年）

Northern Song Dynasty
(960 C.E. – 1127 C.E.)

通高 23.6 厘米，口径 8.8 厘米，腹径 13.2 厘米，底径 8.8 厘米
河南省宝丰县大营镇清凉寺村出土
河南省文物考古研究院藏

这种造型的瓶流行于宋代，因其形如造纸打浆所用的槌具，又称“纸槌瓶”。它不事修饰，简约质朴，却透露出文静之美，折射出宋代文人沉静深邃的人生态度和精神境界，对含蓄淡泊的追求。

汝窑天青釉莲花式熏炉
Azure glaze and lotus shaped Ru censer

北宋（960年 - 1127年）

Northern Song Dynasty
(960 C.E. – 1127 C.E.)

通高 13.6 厘米，炉口径 15 厘米，底座径 16 厘米
河南省宝丰县大营镇清凉寺村出土
河南省文物考古研究院藏

宋代文人盛行熏香文化。这件熏炉腹作莲花形，外壁印三层仰莲瓣纹，下部有莲叶状底座，造型似一朵盛开的莲花。由于宋代文人雅士对莲花高洁品质的推崇，莲瓣纹广泛流行，并随着审美情趣从唐代的富丽转为清秀，莲瓣纹也从圆胖变为尖瘦。

青釉公道杯
Pythagorean cup

元（1271年 - 1368年）
Yuan Dynasty
(1271 C.E. – 1368 C.E.)
通高 8 厘米，最宽径 17 厘米
陕西省西安市超导墓地出土
西安市文物保护考古研究院藏

公道杯为饮酒器，根据物理学虹吸原理设计而成，构思巧妙。其特点是杯中央立一人，体内有一空心瓷管直通杯底小孔。向杯内倒酒时，当水位超过瓷管上口，水即通过杯底的漏水孔漏光。公道杯意即不可过满贪杯。

越窑瓷香炉
Yue porcelain incense burner

南宋（1127年 - 1279年）
Southern Song Dynasty
(1127 C.E. – 1279 C.E.)
高 9 厘米，口径 11 厘米，最宽 16 厘米
浙江省慈溪市寺龙口越窑址出土
浙江省文物考古研究所藏

由于金石学的发展和仿古风气的盛行，宋代的很多香炉是仿青铜器造型。相比青铜器宋代仿铜瓷香炉的造型更加简洁，曲线更加柔美，纹饰除了模仿青铜器纹饰，更多的是当时的流行纹饰。

越窑瓷钟

Yue porcelain bell

南宋（1127年 - 1279年）

Southern Song Dynasty

(1127 C.E. – 1279 C.E.)

高 16 厘米，直径 12.5 厘米

浙江省慈溪市寺龙口越窑址出土

浙江省文物考古研究所藏

此钟的拱顶刻覆莲纹，上面有用于悬挂的钮。上腹部刻划卷草纹，中部装饰凸棱盏顶纹，底缘做成花瓣形。宋室南迁后，原先的宫廷礼器大多散失，因此宋高宗赵构下诏制作瓷、木质礼器代替铜玉礼器。由于越窑距离都城较近，烧瓷历史悠久，故成为官府定做祭器的瓷窑。

青花莲瓣纹器盖

Blue and white lid with lotus pattern

元（1271年 - 1368年）

Yuan Dynasty

(1271 C.E. – 1368 C.E.)

高 4.5 厘米，直径 17 厘米

江西省景德镇落马桥元代遗址出土

景德镇市陶瓷考古研究所藏

青花之蓝色本不是中国传统器物的常见用色，而是受伊斯兰文化影响逐渐进入中国，为中国的传统装饰带来了清新之风。这件器盖中央为变形莲瓣纹，盖沿一周为几何纹，青花发色纯正，可见明显的黑色结晶斑，虽为残器，仍可想见全器之壮美。

白釉玉壶春瓶

White glaze vase

元（1271年 - 1368年）

Yuan Dynasty
(1271 C.E. – 1368 C.E.)

通高 28 厘米

陕西省西安市曲江张达夫元墓出土

西安市文物保护考古研究院藏

这种造型的瓶名为玉壶春瓶。宋代的玉壶春瓶是酒具，形体修长，典雅秀丽。元代玉壶春瓶从酒器向陈设器转变，瓶颈开始变短变粗，腹部趋向肥大，显得朴实敦厚，也体现了社会审美风气的变化。

红釉梅瓶

Red glaze *meiping* vase

明·永乐（1403年 - 1424年）

Yongle Period of Ming Dynasty
(1403 C.E. – 1424 C.E.)

高 34 厘米，口径 7 厘米，腹径 23.5 厘米，底径 15.5 厘米

江西省景德镇御窑遗址出土

景德镇市陶瓷考古研究所藏

梅瓶的造型出现于宋代，形体瘦高挺拔。明代梅瓶逐渐变矮，线条趋于缓和，整体造型从婀娜灵动变为敦厚稳重。这件永乐梅瓶代表了明代初期造型的特色。

红釉高足杯

Red glaze wine cup

明·永乐（1403年 - 1424年）

Yongle Period of Ming Dynasty
(1403 C.E. – 1424 C.E.)

高 10.5 厘米，直径 15.8 厘米，足径 4 厘米
江西省景德镇御窑遗址出土
景德镇市陶瓷考古研究所藏

中国喜爱红色的历史非常悠久。红釉系以铜为着色剂，通体一色的高温铜红釉瓷器始见于唐代长沙窑，到了元代景德镇才开始少量生产，明代永乐、宣德时期烧造技术逐渐成熟。部分红釉器物是当时祭日坛的用器，故也称“祭红”。高足杯的造型从西方传入，于元代已普遍烧制，明代高足杯较元代加高、足变矮。

红釉印花盖盒

Red glaze box with a lid

明·永乐（1403年 - 1424年）

Yongle Period of Ming Dynasty
(1403 C.E. – 1424 C.E.)

高 10 厘米，直径 20 厘米
江西省景德镇御窑遗址出土
景德镇市陶瓷考古研究所藏

此盒为免单色釉单调，工匠以印花衬于釉下，使印花线条因釉的厚薄不同而呈现出色泽深浅，再加以盖口天然形成的白色“灯草口”，使整器韵味生动。

仿哥多棱罐

Jar copied from a Ge ware

明·宣德（1426年 - 1435年）

Xuande Period of Ming Dynasty
(1426 C.E. – 1435 C.E.)

高 10.3 厘米，口径 6.3 厘米，腹径 12.5 厘米，底径 7.6 厘米
江西省景德镇御窑遗址出土
景德镇市陶瓷考古研究所藏

此罐凹凸有致的棱线一改以往瓷罐浑圆一体的做法，寓变化于统一中。哥窑是宋代“五大名窑”之一，窑址至今未发现。此罐也做出了哥窑“金丝铁线”的开片效果，体现了明代宫廷对宋代陶瓷艺术的追摹。

“官”字款火照

Heat indicator

明·洪武（1368年 - 1398年）

Hongwu Period of Ming Dynasty
(1368 C.E. – 1398 C.E.)

高 2.3 厘米，直径 3 厘米
浙江省龙泉大窑枫洞岩窑址出土
浙江省文物考古研究所藏

火照是用来测定窑内温度的测温器。使用时用长钩伸入观火孔，将火照钩出，可及时掌握窑内温度和气氛的变化。“官”字款进一步证明枫洞岩窑址于明初是奉旨烧造宫廷用瓷的重要窑场之一。

刻花缠枝莲纹大墩碗

Celadon bowl engraved with intertwined lotus

明·洪武（1368年 - 1398年）

Hongwu Period of Ming Dynasty
(1368 C.E. – 1398 C.E.)

高 14.5 厘米，口径 39.2 厘米，足径 20 厘米
浙江省龙泉大窑枫洞岩窑址出土
浙江省文物考古研究所藏

缠枝纹的枝蔓连绵不断、生生不息，寓意永恒，因此作为吉祥纹饰广泛应用到艺术领域中。

刻花双鱼纹折沿盆
Celadon basin engraved with Pisces

明·洪武（1368年 - 1398年）
Hongwu Period of Ming Dynasty
(1368 C.E. – 1398 C.E.)
高 11 厘米，口径 41 厘米，足径 24 厘米
浙江省龙泉大窑枫洞岩窑址出土
浙江省文物考古研究所藏

鱼象征多产，食鱼可去疾不老，神话故事中多金鱼避邪、乘鱼升仙的描述。因此鱼成为一种吉祥纹饰，双鱼纹也是宋元明瓷器上喜用的图案。

青花凤凰牡丹瓶

Blue and white pot with design of phoenix and peony

明（1368年 - 1644年）

Ming Dynasty

(1368 C.E. – 1644 C.E.)

高 33.5 厘米，最宽处直径 20 厘米，底径 15.5 厘米

湖北省蕲春三角山荆王墓出土

蕲春县博物馆藏

此瓶纹饰整体布局仍然延续元代青花纹饰层次多而繁密的特色，但具体细节表现出规矩与刻板。从口部到底部共有四层纹饰，分别为卷草纹、缠枝牡丹纹、云凤纹、海水江崖纹。云凤纹描绘手法娴熟，线条流畅，凤尾的刻画表现出婀娜与柔美。其他三组纹饰构图满密不留白，用笔粗拙，与云凤纹形成鲜明对比。

金戒指（1 对）

Gold rings (a pair)

明（1368年 - 1644年）

Ming Dynasty
(1368 C.E. – 1644 C.E.)

环径 1.6 厘米；共重 10 克

湖北省都昌王祁鉴妃袁氏墓出土

蕲春县博物馆藏

金镶宝石花簪（1 对）

Gold hairpins inlaid with gems (a pair)

明（1368年 - 1644年）

Ming Dynasty
(1368 C.E. – 1644 C.E.)

长 11.3 厘米，花径 3.3 厘米；共重 37 克

湖北省都昌王祁鉴妃袁氏墓出土

蕲春县博物馆藏

金花簪（1 对）

Flower-shaped gold hairpins (a pair)

明（1368年 - 1644年）

Ming Dynasty
(1368 C.E. – 1644 C.E.)

长 10 厘米，花径 3.2 厘米，共重 31 克

湖北省都昌王祁鉴妃袁氏墓出土

蕲春县博物馆藏

明代的金属工艺承袭了唐宋以来的工艺传统，捶揲、錾刻、累丝、焊接、珠宝镶嵌等技法更趋成熟。明代海禁之后外国工艺难以引入，因而中国首饰工艺穷尽本国工艺产品，装饰力求华美，造型以花卉为主；宗教图案成为吉祥图案，不再作为信仰的象征，这一传统影响至今，成为中国民俗文化的一部分。

金菊花簪（1对）

Gold hairpins with chrysanthemum-shaped ends (a pair)

明（1368年 - 1644年）

Ming Dynasty
(1368 C.E. – 1644 C.E.)

长 12.5 厘米，花径 1.2 厘米；共重 29 克
湖北省蕲春王宣明墓出土
蕲春县博物馆藏

金花簪（1对）

Flower-shaped gold hairpins (a pair)

明（1368年 - 1644年）

Ming Dynasty
(1368 C.E. – 1644 C.E.)

长 13 厘米，花径 3 厘米；共重 45.4 克
湖北省蕲春王宣明墓出土
蕲春县博物馆藏

嵌宝石金花簪（1对）

Gold hairpin with flower-shaped ends and inlaid with gems (a pair)

明（1368年 - 1644年）

Ming Dynasty
(1368 C.E. – 1644 C.E.)

长 11 厘米；共重 16 克
湖北省蕲春王宣明墓出土
蕲春县博物馆藏

明代妇女发式繁多，发簪插戴的方式也与前代有很大不同。例如鬓钗的簪脚较长，略向背面弯曲，使用时插在髻底部两侧固定。

金穿心盒

Donut shaped gold box

明（1368年 - 1644年）

Ming Dynasty
(1368 C.E. – 1644 C.E.)

高 1 厘米，直径 3.2 厘米；重 16 克

湖北省蕲春荆恭王朱翊钜墓出土

蕲春县博物馆藏

穿心盒上下可开启，中间圆孔用以穿丝带系在丝帕一角。男子一般系在汗巾角上，女子置于腰间或揣在袖子中随身携带。盒内所放物品随个人喜好，胭脂香粉或是药物皆可。

金扣

Gold buckle

明（1368年 - 1644年）

Ming Dynasty
(1368 C.E. – 1644 C.E.)

高 1.7 厘米，长 3.7 厘米；重 5.8 克

湖北省蕲春王宣明墓出土

蕲春县博物馆藏

明代女子服饰趋于保守，脖颈被立领包裹起来。这种金扣用于女子服饰立领处，扣纽相合呈双蝶赶花造型，是明代金银首饰中的常见纹饰。蝴蝶常见于传统吉祥图案中，由于“蝴”与“福”谐音，人们将蝴蝶视为幸福的象征。蝴蝶经常与瓜、藤蔓、牡丹花等形象同时出现，从而具有“瓜瓞绵绵”（寓意子孙兴旺）、“花开富贵”（寓意富足繁盛）等特殊含义。

金花簪（1 对）

Flower-shaped gold hairpins (a pair)

明（1368年 - 1644年）

Ming Dynasty

(1368 C.E. – 1644 C.E.)

残长 5.7 厘米，花径 2.6 厘米；共重 24 克

湖北省蕲春荆恭王朱翊钜墓出土

蕲春县博物馆藏

金花簪（1 对）

Flower-shaped gold hairpins (a pair)

明（1368年 - 1644年）

Ming Dynasty

(1368 C.E. – 1644 C.E.)

长 12.5 厘米，花径 1.4 厘米；共重 21 克

湖北省蕲春荆恭王朱翊钜墓出土

蕲春县博物馆藏

金方首嵌宝簪

Gold hairpin inlaid with gems

明（1368年 - 1644年）

Ming Dynasty

(1368 C.E. – 1644 C.E.)

长 12 厘米；重 14.9 克

湖北省蕲春王宣明墓出土

蕲春县博物馆藏

金扣

Gold buckle

明（1368年 - 1644年）
Ming Dynasty
(1368 C.E. – 1644 C.E.)
长 3.7 厘米，宽 1.6 厘米，重 5 克
湖北省蕲春荆恭王朱翊钜墓出土
蕲春县博物馆藏

金镶宝龙凤簪（1 对）

Dragon and phoenix shaped gold hairpins (a pair)

明（1368年 - 1644年）
Ming Dynasty
(1368 C.E. – 1644 C.E.)
长 20.2 厘米，宽 4 厘米；共重 138.6 克
湖北省蕲春荆恭王朱翊钜墓出土
蕲春县博物馆藏

由于累丝工艺的发展，常用累丝制作独立的花瓣、花蕊，以及龙须或蝴蝶触角，使发簪的细部随人体运动发生颤动，突出装饰效果。

金镶宝花簪首（1组）

Gold hairpins inlaid with gems (a set)

明（1368年 - 1644年）

Ming Dynasty (1368 C.E. – 1644 C.E.)

长均为 4.5 厘米，花径均为 3.2 厘米；每枚重 13.1 克

湖北省蕲春荆恭王朱翊钜墓出土

蕲春县博物馆藏

金镶宝石花饰（1组）

Gold ornaments inlaid with gems (a set)

明（1368年 - 1644年)

Ming Dynasty

(1368 C.E. – 1644 C.E.)

直径 2.25 厘米，厚 2.3 厘米；共重 44 克

湖北省蕲春荆恭王朱翊钜墓出土

蕲春县博物馆藏

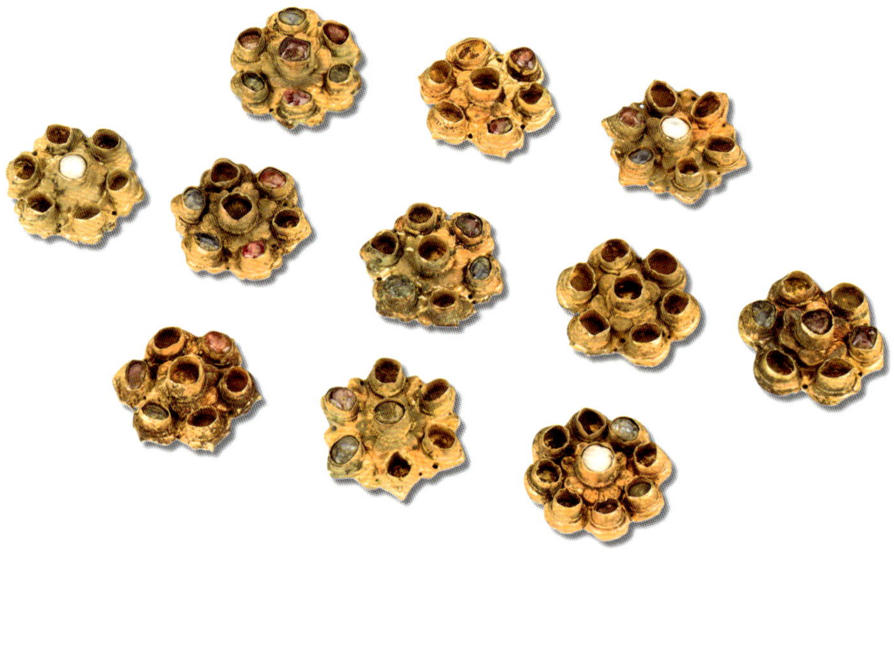

金凤饰件

Phoenix shaped gold ornament

明（1368年 - 1644年）
Ming Dynasty
(1368 C.E. – 1644 C.E.)
长 4 厘米，宽 3.5 厘米；重 2 克
湖北省蕲春竹林湖明墓出土
蕲春县博物馆藏

此为头饰，凤首衔流苏。工艺繁复，用黄金堆叠出立体的腹和尾部，显得雍容华贵。凤的造型来源于随佛教东传的印度笈多时代花鸟嫁接式图像中的一种，传入中国时与佛教的宗教用物和宗教意图紧密相关，后来凤题材逐渐世俗化，成为女性专享的装饰图案。

双菱形金镶宝石饰

Double rhombus shaped gold ornament

明（1368年 - 1644年）
Ming Dynasty
(1368 C.E. – 1644 C.E.)
重 6 克
湖北省蕲春荆恭王朱翊钜墓出土
蕲春县博物馆藏

明代金银器中最奢华的装饰方法便是镶玉嵌宝，金银与珠宝相互辉映，使得光和色在互相映衬下显出和谐与悦目。两个菱形相叠的造型叫做“双胜”“方胜”，其中“胜”指发饰，是中国传统装饰纹样，在战国就已经出现。双胜图案在汉代以后成为历史悠久的装饰题材之一。

银鎏金镶玉桃形带銙 (kuǎ)（1 对）

Peach shaped gilt silver ornaments attached to the belt (a pair)

明（1368年 - 1644年）
Ming Dynasty
(1368 C.E. – 1644 C.E.)
直径 3.1 厘米，厚 0.8 厘米；共重 18 克
湖北省蕲春荆恭王朱翊钜墓出土
蕲春县博物馆藏

带銙是腰带上的装饰品，玉带銙的佩带形式和使用材质象征官位及权力。此件带銙的桃形具有吉祥寓意。

(二) 以和为贵

Ethnic Amalgamation and Multicultural Fusion

礼之用，和为贵。

——战国《论语·学而》

这时期的文明对话和交流模式发生了变革，北方民族不仅屡屡入主中原，元、清王朝还两度统一中国。但频仍战乱并未成为时代的最强音。与万物和谐的哲学智慧赋予了中华传统文化兼容并蓄的品格，孕育了连续稳定的文明基因，塑造了一以贯之的审美内涵，推动着中华民族的文化认同、国家认同、民族认同。

七宝阿育王塔

Model of the Ashoka Pagoda

北宋（960年 - 1127年）

Northern Song Dynasty
(960 C.E. – 1127 C.E.)

高 117 厘米，宽 45 厘米

江苏省南京市宋长干寺地宫出土

南京市博物总馆藏

此塔是迄今发现的中国最大的阿育王塔，因通身镶嵌着佛家七宝——金、银、珊瑚、砗磲 (chē qú)、玛瑙、琉璃和水晶，故而得名七宝阿育王塔，塔通体镶嵌 452 枚宝石。由下部塔座和上部塔盖两部分组成，内部以沉香木制作骨架，表面用银皮模印、捶揲而成，通体经“杀金、抹金、开金、压光”四道工序鎏金。塔身上下还有 20 条共约 300 余字的铭文，详细陈述了施主姓名、捐资数目，以及建造地点，所用总用度等信息。发掘出土前塔身内供奉有两套金棺银椁，其内有“佛顶真骨”、“感应舍利十颗”等佛教稀世圣物，其中佛顶真骨是世界现存唯一一枚佛祖真身顶骨舍利。

银椁

Silver outer coffin

北宋（960年 - 1127年）

Northern Song Dynasty

(960 C.E. – 1127 C.E.)

通高 19 厘米，长 18.3 厘米，宽 10.5 厘米，

江苏省南京市宋长干寺地宫出土

南京市博物总馆藏

金棺
Gold coffin

北宋（960年 - 1127年）
Northern Song Dynasty
(960 C.E. – 1127 C.E.)
通高 7.1 厘米，长 13.2 厘米，宽 6.1 厘米
江苏省南京市宋长干寺地宫出土
南京市博物总馆藏

七宝阿育王塔塔身共藏有两套金棺银椁。此金棺藏在大银椁内，原藏于塔身上部，金棺内供奉“佛顶真骨”，应当是世界唯一仅存的佛顶骨。

银函

Silver case

北宋（960年 - 1127年）

Northern Song Dynasty

(960 C.E. – 1127 C.E.)

高 13.1 厘米，边长 14.3 厘米

江苏省南京市宋长干寺地宫出土

南京市博物总馆藏

鎏金小银函
Gilt silver case

北宋（960年 - 1127年）
Northern Song Dynasty
(960 C.E. – 1127 C.E.)
高 5.3 厘米，边长 7.9 厘米
江苏省南京市宋长干寺地宫出土
南京市博物总馆藏

镶银口蕉叶纹水晶杯
Leaf shaped glass ware with silver rim

北宋（960年 - 1127年）
Northern Song Dynasty
(960 C.E. – 1127 C.E.)
高 4.2 厘米，长 18.7 厘米，宽 7.1 厘米
江苏省南京市宋长干寺地宫出土
南京市博物总馆藏

水晶在中国古代被称为水玉或者水精，被认为蕴含天地灵气。水晶亦是佛教七宝之一。水晶硬度大、韧度差，雕琢起来颇有难度。这件水晶杯用一整块水晶碾磨而成，形似蕉叶，器口以银包边，通体光素，与宋代注重形神勾勒的简朴玉雕风格和淡雅的审美相呼应。

鎏金麟凤纹银香熏
Gilt silver incense burner

北宋（960年 - 1127年）
Northern Song Dynasty
(960 C.E. – 1127 C.E.)
高 12.8 厘米，直径 12.6 厘米
江苏省南京市宋长干寺地宫出土
南京市博物总馆藏

香熏由对称的上下两部分组成，盖顶有提环，便于系挂。通体镂空缠枝卷草纹，开光内在地纹上錾刻卷草纹，中间凸起鸟兽纹。香囊制作精细，应用了錾刻、捶揲、焊接、鎏金等多种手法，体现出了虚实结合、层次鲜明的工艺特点。

鎏金人物纹三耳银匙

Silver spoon scoop up incense ashes

北宋（960年 - 1127年）

Northern Song Dynasty
(960 C.E. – 1127 C.E.)

高 2.1 厘米，长 10.9 厘米，宽 8.1 厘米
江苏省南京市宋长干寺地宫出土
南京市博物总馆藏

用一片银片捶打而成，主体部分口沿三面出如意形耳，耳錾刻花草纹，内底錾刻人物纹。通体鎏金，制作一气呵成，造型简洁而富于创意。

螭 (chī) 纹金盘

Gold plate with design of the *chi* dragon

南宋晚期（13 世纪中叶）

Late Southern Song Dynasty

(mid 13th century)

直径 20 厘米

贵州省遵义市杨价墓出土

贵州省文物考古研究所藏

杨价 (jiè) 是播州 (遵义) 第 14 世土司，其在世时是播州土司最为强盛的时期。他设科取士，对播州文教影响深远，促进了民族融合。这件金盘捶揲成形，盘底是两条中心对称的螭 (无角小龙)，以祥云纹为地，盘口錾刻回纹。

螭首金杯

Gold cup with design of the *chi* dragon

南宋晚期（13 世纪中叶）

Late Southern Song Dynasty

(mid 13th century)

高 8 厘米，口径 10 厘米

贵州省遵义市杨价墓出土

贵州省文物考古研究所藏

此杯捶揲成形，两条盘绕相视的螭在杯身成形后焊接到杯身上，杯体上层为祥云纹，下层为海浪纹，两螭似腾飞于海浪祥云之间，充满动感，是南宋金银器的代表作。

金筷
Gold chopsticks

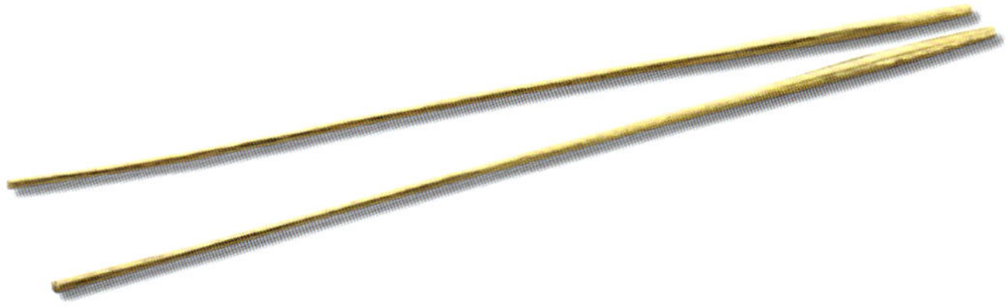

南宋晚期（13 世纪中叶）
Late Southern Song Dynasty
(mid 13th century)
长 23 厘米，直径 0.5 厘米
贵州省遵义市杨价墓出土
贵州省文物考古研究所藏

金勺
Gold spoon

南宋晚期（13 世纪中叶）
Late Southern Song Dynasty
(mid 13th century)
长 23 厘米，宽 3 厘米
贵州省遵义市杨价墓出土
贵州省文物考古研究所藏

金净瓶
Gold bottle

南宋晚期（13 世纪中叶）
Late Southern Song Dynasty
(mid 13th century)
高 16 厘米，口径 8 厘米
贵州省遵义市杨价墓出土
贵州省文物考古研究所藏

莲花形铜烛台

Bronze candlestick

辽（916年 - 1125年）

Liao Dynasty

(916 C.E. – 1125 C.E.)

通高 52 厘米，通宽 46 厘米

内蒙古自治区锡林郭勒盟小王力沟辽墓出土

内蒙古自治区文物考古研究所藏

铜烛台由三节组装而成，附件及装饰可分三层，各部件分体铸造、焊接成形，然后套接、插嵌组合而成，拆装自如，制作精美，是辽代文物的精品，体现了佛教艺术与中原文化对契丹民族艺术的强烈影响。这件铜烛台出土于一座辽代人墓，墓主人可能是辽圣宗贵妃萧氏家族的重要成员。

银盖白瓷葫芦瓶

White glaze pot with silver lid

辽（916年 - 1125年）

Liao Dynasty
(916 C.E. – 1125 C.E.)

高 36 厘米，口径 4.7 厘米，底径 11 厘米
内蒙古自治区锡林郭勒盟多伦县小王力沟辽墓出土
内蒙古自治区文物考古研究所藏

此瓶出土于萧贵妃墓。银盖用捶揲、焊接两法成形，盖钮为丝蔓状，盖面錾刻莲叶纹。肩部刻双重覆莲纹，上、下腹刻仰莲纹。外底刮釉刻“官”字款，为定窑为辽代宫廷烧造的白瓷精品。葫芦因其连绵的藤蔓、累累的果实，且与“福禄”谐音而极具吉祥意味。辽代的葫芦瓶既吸收了中原文化的瓷器传统又有创新，主要模仿契丹的木器、金属器和皮革制品，作酒器使用。

陶脊兽
Pottery beast-shaped ornament on roof

南宋末期至明代晚期（1257年 - 1600年）

Late Southern Song Dynasty to Late Ming Dynasty
(1257 C.E. – 1600 C.E.)

残高 34.4 厘米，长 38.2 厘米

贵州省遵义市海龙囤遗址出土

贵州省文物考古研究所藏

脊兽是中国古代建筑屋脊上的构件，一般为龙、螭、海马等水兽，寓意防火消灾。遵义旧属播州，9–17 世纪由杨氏土司世守其土。海龙囤是在中央王朝资助下由杨氏修建的集关堡山城与土司衙署于一体的城堡，其“王宫”整体格局与明故宫契合。这件陶脊兽造型也与明清故宫脊兽一致，应是安放在仙人、走兽之后的鸱吻，相比明清故宫脊兽的区别在于采用陶质而没有施琉璃釉。

黑釉玉壶春瓶

Black glaze pear-shaped vase with flaring mouth

金末（13 世纪初期）

Late Jin Dynasty

(early 13th century)

高 20.2 厘米，口径 5.4 厘米，底径 6.2 厘米

内蒙古自治区集宁路古城遗址出土

内蒙古自治区文物考古研究所藏

此瓶为磁州窑系产品。磁州窑系是宋金元时期在北方影响很大的民间窑系，窑场遍及山西、河北、河南等地，以烧造黑釉、白釉、白地黑彩和白地褐彩等瓷器为主，品种非常丰富。器物通常装饰简洁，纹饰随意、流畅，体现了宋元时期民间艺术的质朴、洒脱。

琉璃妙音鸟

Color glazed Kalavinka

金（1115年 - 1234年）

Jin Dynasty

(1115 C.E. – 1234 C.E.)

高 26 厘米，宽 15 厘米，厚 9 厘米

北京市房山区金陵遗址出土

首都博物馆藏

妙音鸟是印度神话中的神鸟，梵语为迦陵频伽，随佛教传入中国，被视为建筑守护神。金海陵王于 1155 年将金朝都城迁都北京，同时在北京大房山元峰山下仿照汉制修建陵寝，方圆 60 平方公里，埋葬了金代帝陵 17 座及一些后妃和亲王、郡主的陵寝。这是中国历史上为数不多的少数民族皇陵，也是北京地区目前已知年代最早、规模最大的帝王陵区。

龙纹琉璃瓦当

Glazed eaves tile end with design of the dragon

金（1115年 - 1234年）
Jin Dynasty
(1115 C.E. – 1234 C.E.)
直径 11 厘米，厚 1.5 厘米
北京市房山区金陵遗址出土
首都博物馆藏

金陵的选址和安葬符合我国古代的堪舆学理论，其葬制与北宋皇陵依平地积土为陵不同，也与唐、辽依山为陵不同，在我国历代帝王陵寝中独具特色。金朝吸收宋制，宫殿陵寝建筑铺绿釉瓦。瓦当是筒瓦前端的遮挡构件。

花叶纹砖

Brick engraved with flower-and-leaf pattern

元（1271年 - 1368年）
Yuan Dynasty
(1271 C.E. – 1368 C.E.)
高 18.5 厘米，长 37 厘米，厚 6 厘米
河北省元中都遗址出土
河北省文物研究所藏

蒙古统治者建立都城后迅速改变了游牧生活方式，模仿汉制修建宫殿城市，开始了定居生活。

龙纹琉璃滴水

Glazed water-spout with design of the dragon

元（1271年 - 1368年）

Yuan Dynasty

(1271 C.E. – 1368 C.E.)

高 11 厘米，宽 23 厘米，厚 7 厘米

河北省元中都遗址出土

河北省文物研究所藏

滴水是覆盖建筑檐头板瓦前端的遮挡，功用与瓦当相似。元明清三代的滴水基本都近似于三角形。这件滴水边缘施绿釉，中心施黄釉，浮雕一条行龙。元代龙纹的颈部较细，通过粗细对比凸显龙头的威武及霸气。龙身的扭动造型也强调张扬的力度。

龙纹琉璃瓦当

Glazed eaves tile end with design of the dragon

元（1271年 - 1368年）

Yuan Dynasty

(1271 C.E. – 1368 C.E.)

直径 13 厘米，厚 2.5 厘米

河北省元中都遗址出土

河北省文物研究所藏

元代宫廷偏爱豪华富丽，与宋代的简约典雅迥然不同。这一宫廷审美取向到元代中后期随着汉文化的熏陶而逐渐改变。此瓦当边缘施绿釉，中间为黄釉，浮雕一龙，体现了所属建筑的等级之高。瓦当上的龙首居身躯之中，龙身粗壮圆浑，三足三爪，龙须飘逸，体现了北方民族审美中粗犷刚健的一面。

黑釉油滴盏

Black glaze cup with slivery spots

元（1271年 - 1368年）

Yuan Dynasty
(1271 C.E. – 1368 C.E.)

高 4.9 厘米，口径 11 厘米，底径 4.3 厘米
内蒙古自治区集宁路古城遗址出土
内蒙古自治区文物考古研究所藏

黑色釉上布满犹如油花的银色斑点，故名“油滴盏”。油滴盏烧成于宋代，色泽沉静但不沉闷，利用釉在烧成过程中的变化产生自然纹饰，意境深邃，极受宋人欢迎，元代也受到喜爱而持续烧造。

黑釉酱斑碗

Black glaze bowl with brown spots

元（1271年 - 1368年）

Yuan Dynasty
(1271 C.E. – 1368 C.E.)

高 6.4 厘米，口径 13 厘米，底径 5.3 厘米
内蒙古自治区集宁路古城遗址出土
内蒙古自治区文物考古研究所藏

黑釉是传统瓷器釉色之一，出现于东汉时期。黑釉的主要呈色剂为氧化铁，当釉料中铁含量在 5% 以上时，釉色即呈现黑色。宋代“斗茶”风俗盛行，黑釉盏因便于观察茶汤的色泽以及水痕出现的快慢而大行其道。黑釉瓷在中国陶瓷色尚清浅、体尚轻薄的主流之外呈现出一种独特的美，颜色深沉、形体厚重。

男、女陶俑

Pottery figurines

元（1271年 - 1368年）

Yuan Dynasty
(1271 C.E. – 1368 C.E.)

男俑高 27.5 厘米；
女俑高 25 厘米
陕西省西安市曲江张达夫墓出土
西安市文物保护考古研究院藏

这两件侍俑是墓中所出陶俑中的两件，并非一对。其面容、发式、衣着等细节表现了不同的民族特征。男俑为蒙族特点，女俑为汉族特点，两种人俑出土于同一座墓葬，体现了元代多民族杂居，文化交融的历史现象。

卵白釉印花云龙纹高足碗

White glaze high-stem bowl with design of the dragon-and-cloud

元（1271年 - 1368年）

Yuan Dynasty
(1271 C.E. – 1368 C.E.)

高 9.5 厘米，口径 11.4 厘米，底径 3.8 厘米
内蒙古自治区集宁路古城遗址出土
内蒙古自治区文物考古研究所藏

卵白釉瓷是元代景德镇窑创烧的一种白瓷，釉多呈失透状，色白微泛青，故得名。元代“国俗尚白”，卵白釉瓷器受到人们的广泛喜爱，还曾为官府所用。它从青白瓷发展而来，是明永乐甜白瓷的先声，为从素瓷时代到彩瓷时代的发展奠定了胎釉基础。此碗为酒器，竹节形高圈足，内壁模印云龙纹，内心模印莲瓣纹与杂宝纹。

青釉蔗节洗

Green glaze brush washer

元（1271年 - 1368年）

Yuan Dynasty
(1271 C.E. – 1368 C.E.)

高 3.6 厘米，口径 11.3 厘米，底径 8 厘米
内蒙古自治区集宁路古城遗址出土
内蒙古自治区文物考古研究所藏

此洗为龙泉窑系的代表作品。龙泉窑瓷器以青釉器物为主，有简约朴素之美。器物施厚釉，釉质晶莹，如堆脂如青玉，纯净澄澈，又是一种纯净自然的美；端庄的造型又赋予龙泉窑器物宁静之美。龙泉窑瓷器受到宋代以来历代文人雅士的推崇，其声名甚至远播古代日本、朝鲜。

青白釉卧象座

Greenish white glaze support in the shape of an elephant

元（1271年 - 1368年）

Yuan Dynasty
(1271 C.E. – 1368 C.E.)

高 7 厘米，长 16.2 厘米，宽 9 厘米

内蒙古自治区集宁路古城遗址出土

内蒙古自治区文物考古研究所藏

青白瓷从宋代始烧，是景德镇在宋元时期的代表性瓷器品种之一。其釉色介于青白之间，釉薄处显白，积釉处显青，恬淡高雅。此象座背负双层覆莲座，座中空与象身相通。在中国传统文化中，象与“祥”谐音，大象也因此成为寓意吉祥的动物。与大象相关的纹饰有象驮宝瓶（寓意“太平有象”）、象鼻卷如意（寓意“吉祥如意”）等。

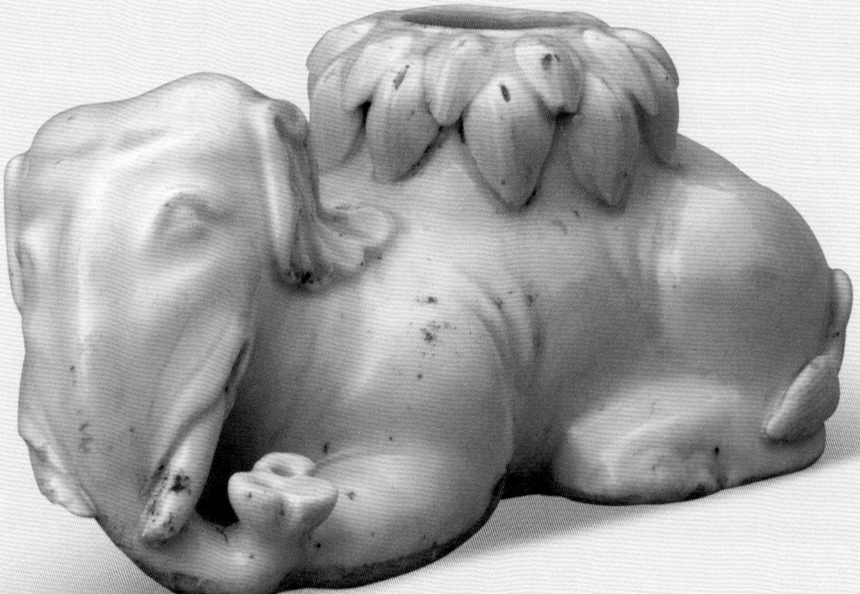

青白釉弥勒佛像

Greenish white glaze statue of Maitreya

元（1271年 - 1368年）

Yuan Dynasty
(1271 C.E. – 1368 C.E.)

高 21.5 厘米

内蒙古自治区集宁路古城遗址出土

内蒙古自治区文物考古研究所藏

此器为一蹲坐的弥勒佛造像，神态慈祥，栩栩如生，是青白瓷塑中的佳作。弥勒佛原型为五代后梁时浙江奉化的僧人契此，因平日常携布袋乞食，且喜与童子嬉戏玩耍，故被民间称为“布袋和尚”。大肚弥勒佛像常见游戏坐姿，此像却完全不同，反映了大肚弥勒早期造型特征。

青花缠枝菊纹高足碗
White high-stem bowl with underglaze blue and chrysanthemum scrolls pattern

元（1271年 - 1368年）
Yuan Dynasty
(1271 C.E. – 1368 C.E.)
高 9.4 厘米，口径 9.5 厘米，底径 3.2 厘米
内蒙古自治区集宁路古城遗址出土
内蒙古自治区文物考古研究所藏

蒙古族入主中原带来了许多新的生活方式，也出现了一批融合异域文化习俗的新奇器物，高足杯便是其中之一。它下有高足，便于抓握，是元代人常用的饮器。青花瓷在元代的突然繁盛，除了与蒙古族尚白、尚蓝的习俗有关之外，也得益于大批穆斯林商人、工匠往返于中原与西域，带来的伊斯兰教的审美风尚。

青白釉连座戏球瓷狮
Greenish white glaze ware in the form of a lion playing with a ball

元（1271年 - 1368年）
Yuan Dynasty
(1271 C.E. – 1368 C.E.)
通高 15.9 厘米
内蒙古自治区集宁路古城遗址出土
内蒙古自治区文物考古研究所藏

此器采用了雕塑与刻划、贴塑手法，神态逼真，表现出元代景德镇高超的瓷塑工艺水平。狮子在古代作为贡品输入中国，在民间受到百姓的喜爱，形成丰富的狮文化，常常用作各种艺术品的装饰，成为民间保护神及祥瑞的象征。景德镇瓷器在唐五代时期就以狮子为装饰。

月白釉盘

Moon-white glaze dish

元（1271年 - 1368年）

Yuan Dynasty
(1271 C.E. – 1368 C.E.)

高 5.2 厘米，口径 22.2 厘米，底径 11.8 厘米
内蒙古自治区集宁路古城遗址出土
内蒙古自治区文物考古研究所藏

此盘为钧窑产品。钧窑是我国古代著名窑口之一，窑址位于河南禹州，以乳光和窑变釉色著称于世。其釉质细腻，乳浊感强，深沉含蓄，给人淳朴、自然的感觉。

白釉褐彩钵

White glaze bowl painted with brown color

元（1271年 - 1368年）

Yuan Dynasty
(1271 C.E. – 1368 C.E.)

高 12.5 厘米，口径 12.5 厘米
内蒙古自治区集宁路古城遗址出土
内蒙古自治区文物考古研究所藏

此钵胎上有白色化妆土，外壁施釉不到底，釉上绘有三组褐色花叶纹，是比较典型的磁州窑系产品。磁州窑从宋代始烧，特色产品是白釉黑花瓷器，也生产了许多富有特色的釉上彩瓷器。它的纹饰题材不拘一格，大部分源于民间生活，具有特殊的美感和鲜明的时代性，同时也将中国传统书法、绘画技法与制瓷工艺相结合。

青釉双鱼纹盘

Green glaze dish with design of Pisces

元（1271年 - 1368年）

Yuan Dynasty

(1271 C.E. – 1368 C.E.)

高 4.1 厘米，口径 13.2 厘米，底径 5.9 厘米

内蒙古自治区集宁路古城遗址出土

内蒙古自治区文物考古研究所藏

银执壶

Silver flagon

明（1368年 - 1644年）

Ming Dynasty

(1368 C.E. – 1644 C.E.)

高 24.6 厘米，腹宽 10 厘米，底径 7 厘米

湖北省蕲春王宣明墓出土

蕲春县博物馆藏

此壶盖钮与錾之间由一条银链相连，壶腹做出杏叶形开光。整体器形古朴、素雅。这种执壶的造型是受中亚文化影响而产生，亦有瓷和金制品，逐渐本土化后成为明代常见的酒器。随着明代贸易的往来，为适应市场需要制造的各种改良执壶行销世界各地。

嵌宝石金头面（1 组）

Gold head-ornaments inlaid with gems (a set)

明（1368年 - 1644年）

Ming Dynasty

(1368 C.E. – 1644 C.E.)

南京市江宁将军山沐昂夫人梅氏墓出土

南京市博物总馆藏

嵌宝石金链香盒

Gold pomander inlaid with gems

明（1368年 - 1644年）

Ming Dynasty

(1368 C.E. – 1644 C.E.)

高 1.7 厘米，盒边长 8.5 厘米

南京市江宁将军山沐昂夫人梅氏墓出土

南京市博物总馆藏

佛像纹带链金盒

Gold box with design of chains and the image of Buddha

明（1368年 - 1644年）

Ming Dynasty

(1368 C.E. – 1644 C.E.)

高 2 厘米，盒边长 8.3 厘米，链通长 72 厘米

南京市江宁将军山沐昂夫人梅氏墓出土

南京市博物总馆藏

沐英是明朝开国元勋，沐氏家族世守云南边陲，为维护统一、推动民族融合做出了贡献。沐昂是沐英第三子。金盒正面是佛结跏趺坐于莲座上，手作禅定印，四角分别饰金钢杵纹。金盒底部刻有“福”字。

(三) 万里云帆

Maritime Trade

飘流江海，万里烟浪云帆。

——北宋·苏轼《满庭芳》

中国地处欧亚大陆最东端，陆上、海上丝绸之路成为古代中国走向世界、连通东西方的主要通道。海上丝绸之路形成于汉代，兴盛于隋唐，在宋元明达到鼎盛。万里大洋畅若通衢，域外文化经由海上丝绸之路融入中华文明，中国亦经海上丝绸之路为世界做出了不朽贡献。今日“一带一路”为古丝绸之路续写新篇章，成为联结昨日辉煌与未来愿景、架起中国梦和世界梦的桥梁。

青花盘

Blue and white dish

明（1368年 - 1644年）

Ming Dynasty
(1368 C.E. – 1644 C.E.)

高 3 厘米，口径 14.7 厘米，底径 8 厘米
广东省汕头市“南澳 I 号”沉船遗址出土
广东省博物馆藏

“南澳 I 号”为明代的一艘商船，出水器物共有 11000 多件，其中仅瓷器就超过了万件，还有金属器及铜钱等。瓷器是来自于东南沿海地区的民窑产品，主要以江西景德镇窑、福建漳州窑和粤东梅州大埔和潮州饶平民窑为主。器物种类以青花为多，另有白釉、酱釉、五彩等不同品种。

明代进一步发展了元代用绘画进行瓷器装饰的手法，绘画瓷器比例大幅增加。明代瓷绘的表现方式更灵活，更具文人的审美特征，并适于表现更丰富的情节和内容，出现了装饰绘画艺术的萌芽。“南澳 I 号”出水的民窑瓷器大多具有绘画装饰手法。

青花凤纹盘

Underglaze blue and white dish with design of the Bird

明（1368年 - 1644年）

Ming Dynasty

(1368 C.E. – 1644 C.E.)

高 3.5 厘米，口径 19.7 厘米，底径 10.5 厘米

广东省汕头市“南澳 I 号”沉船遗址出土

广东省博物馆藏

明代中晚期民窑青花的凤纹，变化形式很丰富。常以单凤、双凤搭配缠枝花纹和云纹为主，团凤的纹饰也开始频繁出现。还有丰富的配搭纹饰，如山石、海水、海马、杂宝等。

青花带盖钵

Blue and white bowl with a lid

明（1368年 - 1644年）

Ming Dynasty
(1368 C.E. – 1644 C.E.)

通高 19.2 厘米，口径 19 厘米，腹径 20 厘米，底径 12.8 厘米
广东省汕头市“南澳 I 号”沉船遗址出土
广东省博物馆藏

随着宋元时期陶瓷彩绘技术和花鸟绘画的发展，加之明清世俗文化的浸染，植物纹样在明清时期发展到一个新的高峰。明代缠枝纹的基本形式是以藤蔓或枝叶进行绕转，加上俯仰相对的花朵。根据客户的需要，花朵可以随时替换为富有吉祥寓意的牡丹、具域外特色的西蕃莲，或是四季杂花，使得缠枝花卉纹饰成为一种具有广泛适应性的纹样。

描金五彩粉盒

Wucai powder box painted with gold lines

明（1368年 - 1644年）

Ming Dynasty
(1368 C.E. – 1644 C.E.)

高 6 厘米，腹径 8.8 厘米，底径 5.5 厘米
广东省汕头市“南澳 I 号”沉船遗址出土
广东省博物馆藏

描金是指用金粉或含金的溶液在瓷面上描饰装饰纹样的手法，也有配合其他装饰作边线或金地使用的。描金瓷器是明清外销瓷的主要品种之一。此类瓷器到达域外后，掀起了一股仿制金彩器物的热潮。

青花应龙纹碗

Blue and white bowl with design of the eagle-and-dragon

明（1368年 - 1644年）

Ming Dynasty

(1368 C.E. – 1644 C.E.)

高 6.8 厘米，口径 14.9 厘米，底径 5.8 厘米

广东省汕头市“南澳 I 号”沉船遗址出土

广东省博物馆藏

“应龙”指有翼的龙，俗称“翼龙”“飞龙”。应龙纹应用于瓷器装饰的年代略晚，直到明永宣时期才被纳入官窑瓷器纹样中，一般带有龙鳞、龙角和龙翼。

青花碗
Blue and white bowl

明（1368年 - 1644年）
Ming Dynasty
(1368 C.E. – 1644 C.E.)
高 10.4 厘米，口径 20.7 厘米，底径 8.2 厘米
广东省汕头市“南澳 I 号”沉船遗址出土
广东省博物馆藏

明初实行的海禁政策，到了明代中期已经渐趋松弛。隆庆年间，朝廷正式允许民间出海贸易，东南沿海一带的外销瓷烧造因此迅速发展起来。“南澳 I 号”的发现证明了广东汕头南澳海域在明代已经是中外舶商进行贸易的重要场所，也是当时海上丝绸之路的重要通道之一。

结　语

考古学是一把钥匙，
为我们打开了通向往昔之美的大门。
审美之旅在此驻足歇息，倾听历史的回音，
远望前方的新程。
美，之于中华传统文化就是好与善，
积淀了中华民族孜孜求索的和谐智慧。
和谐，蕴含着中华文明的哲学之美，
是人类与自然界的永恒乐律。

EPILOGUE

The archaeological method is a key to open the door which could lead to the beauty of the past.
We have reviewed aesthetic beauty in the part of Chinese history and look forward to seeing that again in social development in the future.
The word "beautiful" in traditional Chinese culture is "good" which carries the meaning of accumulated harmoniousness and wisdom.
Interpretation regarding to harmoniousness represents the beauty of Chinese philosophy, and an eternal theme upon the Great Nature and Mankind.

遗址照片

2015 年河南省许昌市灵井旧石器时代遗址 T13 第 11 层发掘现场

河南省巩义市双槐树遗址蚕形骨饰出土情况

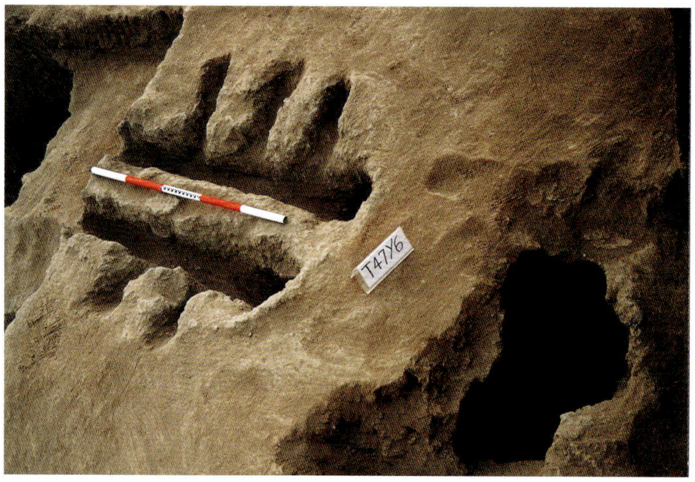

河南省三门峡市庙底沟遗址
庙底沟二期文化陶窑 T47Y6（南—北）

河南省郑州市东赵遗址卜骨出土情况

湖北省随州市叶家山曾侯墓 M111

湖北省襄阳市九连墩楚墓

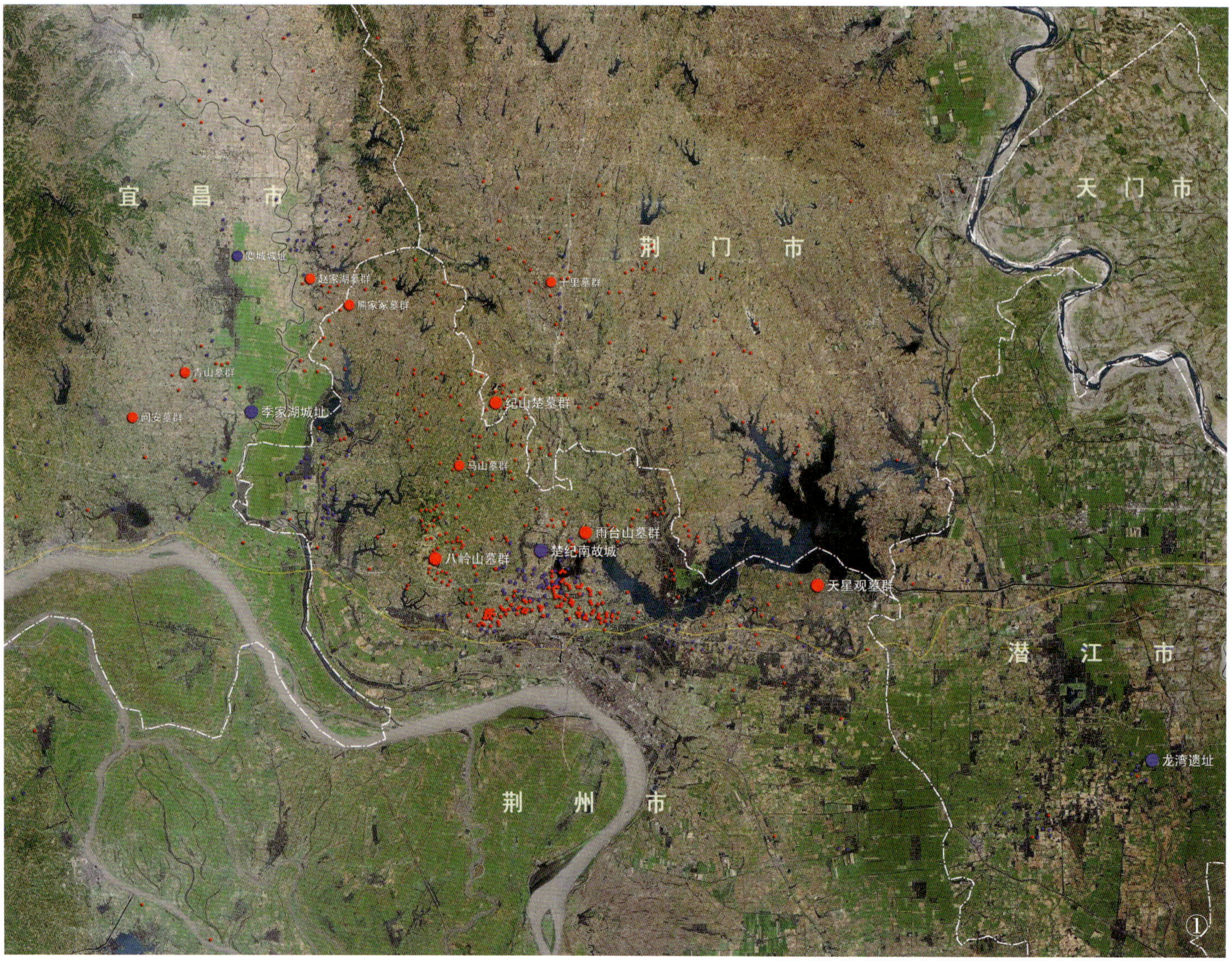

①大遗址保护荆州片区全景（南—北）

②湖北省荆州市熊家冢墓地车马坑（北—南）

江苏省盱眙县大云山
汉墓一号墓与二号墓全景

河南省新安县汉函谷关遗址全景

山东省临沂市洗砚池晋墓一号墓

浙江省绍兴市禁山早期越窑遗址龙窑炉

江苏省扬州市隋炀帝与萧皇后墓

江苏省南京市江宁将军山沐昂夫人梅氏墓后室

江苏省南京市大报恩寺遗址

后　记

十八大以来，中国文博事业迎来美好春天。首博荣幸，集二十载之国家考古成果于一展。感谢国家文物局和北京市人民政府对我们的信任！

本次展览涉及全国20省市自治区，共有52家文博单位贡献展品。为了确保文物按时顺利抵京，中国文物交流中心与首博的联合工作团队不避风雨，勠力同心。每每面对突来的难题与变数，我们看到的总是行动和担当！感谢19省市自治区文物主管部门的鼎力支持！感谢51家兄弟单位排除万难倾其所有，共同成就了这次记录中国考古的“群英会”！

当然，更要感谢无数奋斗在一线的考古工作者，让我们从他们二十年的辛劳付出中先行遴选了800余件记录中华文明印记的文物，又从策展的角度迎请了近400件套上展文物。在这里，我要感谢我的同事们——从内容大纲到艺术设计的每一个策展细节，从恭迎第一件展品入馆到关闭最后一个展柜——首博人以自己的方式，敬畏于祖先遗存，坚守着一份事业，在阐释中华民族审美的历程中，自身也受到了一次洗礼，并把对这次洗礼的感悟融汇于本次展览的细节之中，体现于“首博展览”的品质之中。

三年前，习近平总书记视察首博，我们的肩头上又多了一份沉甸甸的使命。“让文物说话，把历史智慧告诉人们”“以史鉴今，启迪后人”——这始终激励着首博人在探索中砥砺前行。如今，“美·好·中华——近二十年考古成果展”展期过半，已有近十万观众通过预约方式到馆参观。此展不仅是我们对习总书记嘱托的又一次践行，更是首博人不忘初心、永远在路上的一行脚印！

首都博物馆　党委书记　白　杰
　　　　　　馆　　长　韩战明